Hoffmann | Des Vetters Eckfenster

E. T. A. Hoffmann

Des Vetters Eckfenster

Nachwort von Claudia Stockinger

Anmerkungen von Claudia Stockinger
und Gerard Koziełek

Reclam

RECLAMS UNIVERSAL-BIBLIOTHEK Nr. 14050
1980, 2022 Philipp Reclam jun. Verlag GmbH,
Siemensstraße 32, 71254 Ditzingen
Gestaltung: Cornelia Feyll, Friedrich Forssman
Druck und Bindung: EsserDruck Solutions GmbH,
Untere Sonnenstraße 5, 84030 Ergolding
Printed in Germany 2022

ISBN 978-3-15-014050-5

Auch als E-Book erhältlich

www.reclam.de

Des Vetters Eckfenster

Meinen armen Vetter trifft gleiches Schicksal mit dem bekannten Scarron. So wie dieser hat mein Vetter durch eine hartnäckige Krankheit den Gebrauch seiner Füße ganzlich verloren, und es tut Not, dass er sich, mit Hülfe standhafter Krücken, und des nervichten Arms eines grämlichen Invaliden, der nach Belieben den Krankenwärter macht, aus dem Bette in den mit Kissen bepackten Lehnstuhl, und aus dem Lehnstuhl in das Bette schrotet. Aber noch eine Ähnlichkeit trägt mein Vetter mit jenem Franzosen, den eine besondere, aus dem gewöhnlichen Geleise des französischen Witzes ausweichende Art des Humors, trotz der Sparsamkeit seiner Erzeugnisse, in der französischen Literatur feststellte. So wie Scarron, schriftstellert mein Vetter, so wie Scarron, ist er mit besonderer lebendiger Laune begabt und treibt wunderlichen humoristischen Scherz auf seine eigne Weise. Doch zum Ruhme des deutschen Schriftstellers sei es bemerkt, dass er niemals für nötig achtete, seine kleinen pikanten Schüsseln mit Asafoetida zu würzen, um die Gaumen seiner deutschen Leser, die dergleichen nicht wohl vertragen, zu kitzeln. Es genügt ihm das edle Gewürz, welches, indem es reizt, auch stärkt. Die Leute lesen gerne was er schreibt; es soll gut sein und ergötzlich; ich verstehe mich nicht darauf. Mich erlabte sonst des Vetters Unterhaltung, und es schien mir gemütlicher, ihn zu hören, als ihn zu lesen. Doch eben dieser unbesiegbare Hang zur Schriftstellerei hat schwarzes Unheil über meinen armen Vetter gebracht; die schwerste Krankheit vermochte nicht den raschen Rädergang der Phantasie zu hemmen, der in seinem Innern fortarbeitete, stets Neues und Neues erzeugend. So kam es, dass er mir allerlei anmutige Geschichten erzählte, die er, des mannigfachen Wehs, das er duldete, unerachtet, ersonnen. Aber den Weg, den der Gedanke verfolgen musste, um auf dem Papiere gestaltet zu erscheinen, hatte der böse Dämon der Krankheit versperrt. Sowie mein Vetter etwas aufschreiben wollte, versagten ihm nicht allein die Finger den Dienst, sondern der Gedanke selbst war verstoben und verflogen. Darüber verfiel mein Vetter in die schwärzeste Melancholie. »Vetter!« sprach er eines Tages zu mir, mit einem Ton, der mich erschreckte, »Vetter, mit mir ist es aus! Ich komme mir vor, wie jener alte, vom Wahnsinn zerrüttete Maler, der tagelang vor einer in den Rahmen gespannten grundierten Leinewand saß, und allen, die zu ihm kamen, die mannigfachen Schönheiten des reichen, herrlichen Gemäldes anpries, das er soeben vollendet; – ich geb's auf, das wirkende schaffende Leben, welches zur äußern Form gestaltet aus mir selbst hinaustritt, sich mit der Welt befreundend! – Mein Geist zieht sich in seine Klause zurück!« Seit der Zeit ließ sich mein Vetter, weder vor mir, noch vor irgendeinem andern Menschen sehen. Der alte grämliche Invalide wies uns murrend und keifend von der Türe weg, wie ein beißiger Haushund. –

Es ist nötig zu sagen, dass mein Vetter ziemlich hoch in kleinen niedrigen Zimmern wohnt. Das ist nun Schriftsteller- und Dichtersitte. Was tut die niedrige Stubendecke? die Phantasie fliegt empor, und baut sich ein hohes, lustiges Gewölbe bis in den blauen glänzenden Himmel hinein. So ist des Dichters enges Gemach, wie jener zwischen vier Mauern eingeschlossene zehn Fuß ins Gevierte große Garten, zwar nicht breit und lang, hat aber stets eine schöne

Höhe. Dabei liegt aber meines Vetters Logis in dem schönsten Teile der Hauptstadt, nämlich auf dem großen Markte, der von Prachtgebäuden umschlossen ist, und in dessen Mitte das kolossal und genial gedachte Theatergebäude prangt. Es ist ein Eckhaus, was mein Vetter bewohnt, und aus dem Fenster eines kleinen Kabinetts übersieht er mit einem Blick das ganze Panorama des grandiosen Platzes.

Es war gerade Markttag, als ich, mich durch das Volksgewühl durchdrängend, die Straße hinab kam, wo man schon aus weiter Ferne meines Vetters Eckfenster erblickt. Nicht wenig erstaunte ich, als mir aus diesem Fenster das wohlbekannte rote Mützchen entgegenleuchtete, welches mein Vetter in guten Tagen zu tragen pflegte. Noch mehr! Als ich näher kam gewahrte ich, dass mein Vetter seinen stattlichen Warschauer Schlafrock angelegt und aus der türkischen Sonntagspfeife Tabak rauchte. – Ich winkte ihm zu, ich wehte mit dem Schnupftuch hinauf; es gelang mir seine Aufmerksamkeit auf mich zu ziehen, er nickte freundlich. Was für Hoffnungen! – Mit Blitzesschnelle eilte ich die Treppe hinauf. Der Invalide öffnete die Türe; sein Gesicht, das sonst runzlicht und faltig einem nassgewordenen Handschuh glich, hatte wirklich einiger Sonnenschein zur passabeln Fratze ausgeglättet. Er meinte, der Herr säße im Lehnstuhl und sei zu sprechen. Das Zimmer war rein gemacht, und an dem Bettschirm ein Bogen Papier befestigt, auf dem mit großen Buchstaben die Worte standen:

Et si male nunc, non olim sic erit.

Alles deutete auf wiedergekehrte Hoffnung, auf neuerweckte Lebenskraft. – »Ei«, rief mir der Vetter entgegen, als ich in das Kabinett trat, »ei kommst du endlich, Vetter; weißt du wohl, dass ich rechte Sehnsucht nach dir empfunden? Denn, unerachtet du den Henker was nach meinen unsterblichen Werken frägst, so habe ich dich doch lieb, weil du ein munterer Geist bist und amüsable, wenn auch gerade nicht amüsant.«

Ich fühlte, dass mir bei dem Kompliment meines aufrichtigen Vetters das Blut ins Gesicht stieg.

»Du glaubst«, fuhr der Vetter fort, ohne auf meine Bewegung zu achten, »du glaubst mich gewiss in voller Besserung, oder gar von meinem Übel hergestellt. Dem ist beileibe nicht so. Meine Beine sind durchaus ungetreue Vasallen, die dem Haupt des Herrschers abtrünnig geworden, und mit meinem übrigen werten Leichnam nichts mehr zu schaffen haben wollen. Das heißt, ich kann mich nicht aus der Stelle rühren, und karre mich in diesem Räderstuhl hin und her auf anmutige Weise, wozu mein alter Invalide die melodiösesten Märsche aus seinen Kriegsjahren pfeift. Aber dies Fenster ist mein Trost, hier ist mir das bunte Leben aufs Neue aufgegangen, und ich fühle mich befreundet mit seinem niemals rastenden Treiben. Komm Vetter, schau hinaus!«

Ich setzte mich dem Vetter gegenüber auf ein kleines Tabouret, das gerade noch im Fensterraum Platz hatte. Der Anblick war in der Tat seltsam und überraschend. Der ganze Markt schien eine einzige, dicht zusammengedrängte Volksmasse, so dass man glauben musste, ein dazwischengeworfener Apfel könne niemals zur Erde gelangen. Die verschiedensten Farben glänzten im Sonnenschein und zwar in ganz kleinen Flecken; auf mich machte dies den Eindruck eines großen, vom Winde bewegten, hin und her wogenden Tulpenbeets, und ich musste mir gestehen, dass der Anblick zwar recht artig, aber auf die Länge ermüdend sei, ja wohl gar aufgereizten Personen einen kleinen Schwindel verursachen könne, der dem nicht unangenehmen Delirieren des nahenden Traums gliche; darin suchte ich das Vergnügen, das das Eckfenster dem Vetter gewähre, und äußerte ihm dieses ganz unverhohlen.

Der Vetter schlug aber die Hände über den Kopf zusammen, und es entspann sich zwischen uns folgendes Gespräch.

DER VETTER. Vetter, Vetter! nun sehe ich wohl, dass auch nicht das kleinste Fünkchen von Schriftstellertalent in dir glüht. Das erste Erfordernis fehlt dir dazu, um jemals in die Fußstapfen deines würdigen lahmen Vetters zu treten; nämlich ein Auge, welches wirklich schaut. Jener Markt bietet dir nichts dar, als den Anblick eines scheckichten, sinnverwirrenden Gewühls des in bedeutungsloser Tätigkeit bewegten Volks. Hoho, mein Freund! mir entwickelt sich daraus die mannigfachste Szenerie des bürgerlichen Lebens, und mein Geist, ein wackerer Callot, oder moderner Chodowiecki, entwirft eine Skizze nach der andern, deren Umrisse oft keck genug sind. Auf Vetter! ich will sehen, ob ich dir nicht wenigstens die Primizien der Kunst zu schauen beibringen kann. Sieh einmal gerade vor dich herab in die Straße, hier hast du mein Glas, bemerkst du wohl die etwas fremdartig gekleidete Person mit dem großen Marktkorbe am Arm, die, mit einem Bürstenbinder in tiefem Gespräche begriffen, ganz geschwinde andere Domestica abzumachen scheint, als die des Leibes Nahrung betreffen?

ICH. Ich habe sie gefasst. Sie hat ein grell zitronenfarbiges Tuch nach französischer Art turbanähnlich um den Kopf gewunden, und ihr Gesicht, so wie ihr ganzes Wesen, zeigt deutlich die Französin. Wahrscheinlich eine Restantin aus dem letzten Kriege, die ihr Schäfchen hier ins Trockne gebracht.

DER VETTER. Nicht übel geraten. Ich wette, der Mann verdankt irgendeinem Zweige französischer Industrie ein hübsches Auskommen, so dass seine Frau ihren Marktkorb mit ganz guten Dingen reichlich füllen kann. Jetzt stürzt sie sich ins Gewühl. Versuche, Vetter, ob du ihren Lauf in den verschiedensten Krümmungen verfolgen kannst, ohne sie aus dem Auge zu verlieren, das gelbe Tuch leuchtet dir vor.

ICH. Ei, wie der brennende gelbe Punkt die Masse durchschneidet. Jetzt ist sie schon der Kirche nah – jetzt feilscht sie um etwas bei den Buden – jetzt ist sie fort – o weh! ich habe sie verloren – nein, dort am Ende duckt sie wieder auf – dort bei dem Geflügel – sie ergreift eine gerupfte Gans – sie betastet sie mit kennerischen Fingern. –

DER VETTER. Gut Vetter, das Fixieren des Blicks erzeugt das deutliche Schauen. Doch, statt dich auf langweilige Weise in einer Kunst unterrichten zu wollen, die kaum zu erlernen, lass mich lieber dich auf allerlei Ergötzliches aufmerksam machen, welches sich vor unsern Augen auftut. Bemerkst du wohl jenes Frauenzimmer, die sich an der Ecke dort, unerachtet das Gedränge gar nicht zu groß, mit beiden spitzen Ellenbogen Platz macht?

ICH. Was für eine tolle Figur – ein seidner Hut, der in kapriziöser Formlosigkeit stets jeder Mode Trotz geboten, mit bunten in den Lüften wehenden Federn – ein kurzer seidner Überwurf, dessen Farbe in das ursprüngliche Nichts zurückgekehrt – darüber ein ziemlich honetter

Shawl – der Florbesatz des gelb kattunenen Kleides reicht bis an die Knöchel – blaugraue Strümpfe – Schnürstiefeln – hinter ihr eine stattliche Magd mit zwei Marktkörben, einem Fischnetz, einem Mehlsack. – Gott sei bei uns! was die seidene Person für wütende Blicke um sich wirft, mit welcher Wut sie eindringt in die dicksten Haufen – wie sie alles angreift, Gemüse, Obst, Fleisch usw.; wie sie alles beäugelt, betastet, um alles feilscht und nichts erhandelt. –

DER VETTER. Ich nenne diese Person, die keinen Markttag fehlt, die rabiate Hausfrau. Es kommt mir vor, als müsse sie die Tochter eines reichen Bürgers, vielleicht eines wohlhabenden Seifensieders sein, deren Hand, nebst annexis, ein kleiner Geheimsekretär nicht ohne Anstrengung erworben. Mit Schönheit und Grazie hat sie der Himmel nicht ausgestattet, dagegen galt sie bei allen Nachbaren für das häuslichste, wirtschaftlichste Mädchen, und in der Tat sie ist auch so wirtschaftlich, und wirtschaftet jeden Tag vom Morgen bis in den Abend auf solche entsetzliche Weise, dass dem armen Geheimsekretär darüber Hören und Sehen vergeht, und er sich dorthin wünscht, wo der Pfeffer wächst. Stets sind alle Pauken- und Trompetenregister der Einkäufe, der Bestellungen, des Kleinhandels und der mannigfachen Bedürfnisse des Hauswesens gezogen, und so gleicht des Geheimsekretärs Wirtschaft einem Gehäuse, in dem ein aufgezogenes Uhrwerk ewig eine tolle Sinfonie, die der Teufel selbst komponiert hat, fortspielt; ungefähr jeden vierten Markttag wird sie von einer andern Magd begleitet. – *Sapienti sat!* – Bemerkst du wohl – Doch! nein, nein, diese Gruppe, die soeben sich bildet, wäre würdig, von dem Crayon eines Hogarths verewigt zu werden. Schau doch nur hin, Vetter, in die dritte Türöffnung des Theaters!

ICH. Ein paar alte Weiber auf niedrigen Stühlen sitzend – ihr ganzer Kram in einem mäßigen Korbe vor sich ausgebreitet – die eine hält bunte Tücher feil, sogenannte Vexierware, auf den Effekt für blöde Augen berechnet – die andere hält eine Niederlage von blauen und grauen Strümpfen, Strickwolle usw. Sie haben sich zueinander gebeugt – sie zischeln sich in die Ohren – die eine genießt ein Schälchen Kaffee; die andere scheint, ganz hingerissen von dem Stoff der Unterhaltung, das Schnäpschen zu vergessen, das sie eben hinabgleiten lassen wollte; in der Tat ein paar auffallende Physiognomien! welches dämonische Lächeln – welche Gestikulation mit den dürren Knochenärmen! –

DER VETTER. Diese beiden Weiber sitzen beständig zusammen, und unerachtet die Verschiedenheit ihres Handels keine Kollision, und also keinen eigentlichen Brotneid zulässt, so haben sie sich doch bis heute stets mit feindseligen Blicken angeschielt, und sich, darf ich meiner geübten Physiognomik trauen, diverse höhnische Redensarten zugeworfen. O! sieh, sieh Vetter, immer mehr werden sie ein Herz und eine Seele. Die Tuchverkäuferin teilt der Strumpfhändlerin ein Schälchen Kaffee mit. Was hat das zu bedeuten? Ich weiß es! Vor wenigen Minuten trat ein junges Mädchen von höchstens sechszehn Jahren, hübsch wie der Tag, deren ganzem Äußern, deren ganzem Betragen man Sitte und verschämte Dürftigkeit ansah, angelockt von der Vexierware, an den Korb. Ihr Sinn war auf ein weißes Tuch mit bunter Borte gerichtet, dessen sie vielleicht eben sehr bedurfte. Sie feilschte darum, die Alte wandte alle Künste merkantilischer Schlauheit an, indem sie das Tuch ausbreitete und die grellen Farben im Sonnenschein schimmern ließ. Sie wurden handelseinig. Als nun aber die Arme aus dem Schnupftuchzipfel die kleine Kasse entwickelte, reichte die Barschaft nicht hin zu solcher Ausgabe. Mit hochglühenden Wangen, helle Tränen in den Augen, entfernte sich das Mädchen so schnell sie konnte, während die Alte, höhnisch auflachend, das Tuch zusammenfaltete und in den Korb zurückwarf. Artige Redensarten mag es dabei gegeben haben. Aber nun kennt der andere Satan die Kleine, und weiß die traurige Geschichte einer verarmten Familie aufzutischen, als eine skandalöse Chronik von Leichtsinn und vielleicht gar Verbrechen, zur Gemütsergötzlichkeit der getäuschten Krämerin. Mit der Tasse Kaffee wurde gewiss eine derbe, faustdicke Verleumdung belohnt. –

ICH. Von allem, was du da herauskombinierst, lieber Vetter, mag kein Wörtchen wahr sein, aber indem ich die Weiber anschaue ist mir, Dank sei es deiner lebendigen Darstellung, alles so plausibel, dass ich daran glauben muss, ich mag wollen oder nicht.

DER VETTER. Ehe wir uns von der Theaterwand abwenden, lass uns noch einen Blick auf die dicke gemütliche Frau mit vor Gesundheit strotzenden Wangen werfen, die in stoischer Ruhe und Gelassenheit, die Hände unter die weiße Schürze gesteckt, auf einem Rohrstuhle sitzt, und vor sich einen reichen Kram von hellpolierten Löffeln, Messern und Gabeln, Fayence, porzellänenen Tellern und Terrinen von verjährter Form, Teetassen, Kaffeekannen, Strumpfware, und was weiß ich sonst, auf weißen Tüchern ausgebreitet hat, so dass ihr Vorrat, wahrscheinlich aus kleinen Auktionen zusammengestümpert, einen wahren Orbis pictus bildet. Ohne sonderlich eine Miene zu verziehen, hört sie das Gebot des Feilschenden, sorglos, ob aus dem Handel was wird oder nicht; schlägt zu, streckt die eine

Hand unter der Schürze hervor, um eben nur das Geld vom Käufer zu empfangen, den sie die erkaufte Ware selbst fortnehmen lässt. Das ist eine ruhige, besonnene Handelsfrau, die was vor sich bringen wird. Vor vier Wochen bestand ihr ganzer Kram in ungefähr einem halben Dutzend feiner baumwollener Strümpfe, und ebenso viel Trinkgläsern. Ihr Handel steigt mit jedem Markt, und da sie keinen bessern Stuhl mitbringt, die Hände auch noch ebenso unter die Schürze steckt, wie sonst, so zeigt das, dass sie Gleichmut des Geistes besitzt, und sich durch das Glück nicht zu Stolz und Übermut verleiten lässt. Wie kommt mir doch plötzlich die skurrile Idee zu Sinn! Ich denke mir in diesem Augenblick ein ganz kleines schadenfrohes Teufelchen, das, wie auf jenem hogarthischen Blatt unter den Stuhl der Betschwester, hier unter den Sessel der Krämerfrau gekrochen ist, und, neidisch auf ihr Glück, heimtückischerweise die Stuhlbeine wegsägt. Plump! fällt sie in ihr Glas und Porzellän, und mit dem ganzen Handel ist es aus. Das wäre denn doch ein Fallissement im eigentlichsten Sinne des Worts. –

ICH. Wahrhaftig, lieber Vetter! du hast mich jetzt schon besser schauen gelehrt. Indem ich meinen Blick in dem bunten Gewühl der wogenden Menge umherschweifen lasse, fallen mir hin und wieder junge Mädchen in die Augen, die von sauber angezogenen Köchinnen, welche geräumige, glänzende Marktkörbe am Arme tragen, begleitet den Markt durchstreifen, und um Hausbedürfnisse, wie sie der Markt darbietet, feilschen. Der Mädchen modester Anzug, ihr ganzer Anstand, lässt nicht daran zweifeln, dass sie wenigstens vornehmen bürgerlichen Standes sind. Wie kommen diese auf den Markt?

DER VETTER. Leicht erklärlich. Seit einigen Jahren ist es

Sitte geworden, dass selbst die Töchter höherer Staatsbeamten auf den Markt geschickt werden, um den Teil der Hauswirtschaft, was den Einkauf der Lebensmittel betrifft, praktisch zu erlernen.

ICH. In der Tat eine löbliche Sitte, die nächst dem praktischen Nutzen zu häuslicher Gesinnung führen muss.

DER VETTER. Meinst du, Vetter! ich für mein Teil glaube das Gegenteil. Was kann der Selbsteinkauf für andere Zwecke haben, als sich von der Güte der Ware, und von den wirklichen Marktpreisen zu überzeugen? Die Eigenschaften, das Ansehn, die Kennzeichen eines guten Gemüses, eines guten Fleisches usw., lernt die angehende Hausfrau sehr leicht auf andere Weise erkennen, und das kleine Ersparnis der sogenannten Schwänzelpfennige, das nicht einmal stattfindet, da die begleitende Köchin mit den Verkäufern sich unbedenklich insgeheim versteht, wiegt den Nachteil nicht auf, den der Besuch des Markts sehr leicht herbeiführen kann. Niemals würde ich um den Preis von etlichen Pfennigen meine Tochter der Gefahr aussetzen, eingedrängt in den Kreis des niedrigsten Volks, eine Zote zu hören, oder irgendeine lose Rede eines brutalen Weibes oder Kerls einschlucken zu müssen. – Und dann, was gewisse Spekulationen liebeseufzender Jünglinge in blauen Röcken zu Pferde, oder in gelben Flauschen mit schwarzen Kragen zu Fuß betrifft, so ist der Markt – Doch sieh, sieh, Vetter! wie gefällt dir das Mädchen, das soeben dort an der Pumpe, von der ältlichen Köchin begleitet, daherkommt? Nimm mein Glas, nimmt mein Glas, Vetter!

ICH. Ha, was für ein Geschöpf, die Anmut, die Liebenswürdigkeit selbst – aber sie schlägt die Augen verschämt nieder – jeder ihrer Schritte ist furchtsam – wankend –

schüchtern hält sie sich an ihre Begleiterin, die ihr mit forciertem Angriff den Weg ins Gedränge bahnt – ich verfolge sie – da steht die Köchin still vor den Gemüsekörben – sie feilscht – sie zieht die Kleine heran, die mit halbweggewandtem Gesicht ganz geschwinde, geschwinde Geld aus dem Beutelchen nimmt und es hinreicht, froh, nur wieder loszukommen – ich kann sie nicht verlieren Dank sei es dem roten Shawl – sie scheinen etwas vergeblich zu suchen – endlich, endlich, dort weilen sie bei einer Frau, die in zierlichen Körben feines Gemüse feilbietet, – der holden Kleinen ganze Aufmerksamkeit fesselt ein Korb mit dem schönsten Blumenkohl – das Mädchen selbst wählt einen Kopf und legt ihn der Köchin in den Korb – wie, die Unverschämte! – ohne weiteres nimmt sie den Kopf aus dem Korbe heraus, legt ihn in den Korb der Verkäuferin zurück, und wählt einen andern, indem ihr heftiges Schütteln mit dem gewichtigen kantenhaubengeschmückten Haupte noch dazu bemerken lässt, dass sie die arme Kleine, welche zum ersten Male selbstständig sein wollte, mit Vorwürfen überhäuft.

DER VETTER. Wie denkst du dir die Gefühle dieses Mädchens, der man eine Häuslichkeit aufdringen will, welche ihrem zarten Sinn gänzlich widerstrebt? Ich kenne die holde Kleine, es ist die Tochter eines Geheimen Oberfinanzrats, ein natürliches, von jeder Ziererei entferntes Wesen, von echtem weiblichen Sinn beseelt, und mit jenem jedes Mal richtig treffenden Verstande und feinen Takt begabt, der Weibern dieser Art stets eigen – Hoho, Vetter! das nenn ich glückliches Zusammentreffen. Hier um die Ecke kommt das Gegenstück zu jenem Bilde. Wie gefällt dir *das* Mädchen, Vetter?

ICH. Ei, welch eine niedliche, schlanke Gestalt! – Jung – leichtfüßig – mit keckem, unbefangenem Blick in die Welt hinein schauend – am Himmel stets Sonnenglanz – in den Lüften stets lustige Musik – wie dreist, wie sorglos sie dem dicken Haufen entgegenhüpft – die Servante, die ihr mit dem Marktkorbe folgt, scheint eben nicht älter als sie, und zwischen beiden eine gewisse Kordialität zu herrschen – die Mamsell hat gar hübsche Sachen an, der Shawl ist modern – der Hut passend zur Morgentracht, so wie das Kleid von geschmackvollem Muster – alles hübsch und anständig – o! weh, was erblicke ich, die Mamsell trägt weißseidene Schuhe. Ausrangierte Ballchaussure auf dem Markt! – Überhaupt, je länger ich das Mädchen beobachte, desto mehr fällt mir eine gewisse Eigentümlichkeit auf, die ich mit Worten nicht ausdrücken kann. – Es ist wahr, sie macht, so wie es scheint, mit sorglicher Emsigkeit ihre Einkäufe, wählt und wählt, feilscht und feilscht, spricht, gestikuliert alles mit einem lebendigen Wesen, das beinah bis zur Spannung geht; mir ist aber, als wolle sie noch etwas anderes, als eben Hausbedürfnisse, einkaufen. –

DER VETTER. Bravo! bravo Vetter! dein Blick schärft sich wie ich merke. Sieh nur, mein liebster, trotz der modesten Kleidung hätten dir – die Leichtfüßigkeit des ganzen Wesens abgerechnet, – schon die weißseidenen Schuhe auf dem Markt verraten müssen, dass die kleine Mamsell dem Ballett oder überhaupt dem Theater angehört. Was sie sonst noch will, dürfte sich vielleicht bald entwickeln – ha getroffen! Schau doch, lieber Vetter ein wenig rechts die Straße hinauf, und sage mir, wen du auf dem Bürgersteig, vor dem Hotel, wo es ziemlich einsam ist, erblickst?

ICH. Ich erblicke einen großen, schlank gewachsenen

Jüngling im gelben kurzgeschnittenen Flausch mit schwarzem Kragen und Stahlknöpfen. Er trägt ein kleines rotes silbergesticktes Mützchen, unter dem schöne schwarze Locken, beinahe zu üppig, hervorquillen. Den Ausdruck des blassen männlich schön geformten Gesichts, erhöht nicht wenig das kleine schwarze Stutzbärtchen auf der Oberlippe. Er hat eine Mappe unter dem Arm – unbedenklich ein Student, der im Begriff stand, ein Kollegium zu besuchen, – aber fest eingewurzelt steht er da, den Blick unverwandt nach dem Markt gerichtet, und scheint Kollegium und alles um sich her zu vergessen. –

DER VETTER. So ist es, lieber Vetter. Sein ganzer Sinn ist auf unsere kleine Komödiantin gerichtet. Der Zeitpunkt ist gekommen; er naht sich der großen Obstbude, in der die schönste Ware appetitlich aufgetürmt ist, und scheint nach Früchten zu fragen, die eben nicht zur Hand sind. Es ist ganz unmöglich, dass ein guter Mittagstisch ohne Dessert von Obst bestehen kann; unsere kleine Komödiantin muss daher ihre Einkäufe für den Tisch des Hauses an der Obstbude beschließen. Ein runder rotbäckiger Apfel entschlüpft schalkhaft den kleinen Fingern – der Gelbe bückt sich darnach, hebt ihn auf – ein leichter anmutiger Knicks der kleinen Theaterfee – das Gespräch ist im Gange – wechselseitiger Rat und Beistand bei einer sattsam schwierigen Apfelsinenwahl vollendet die gewiss bereits früher angeknüpfte Bekanntschaft, indem sich zugleich das anmutige Rendezvous gestaltet, welches gewiss auf mannigfache Weise wiederholt und variiert wird. –

ICH. Mag der Musensohn liebeln und Apfelsinen wählen, soviel er will; mich interessiert das nicht, und zwar umso weniger, da mir dort an der Ecke der Hauptfronte des

Theaters, wo die Blumenverkäuferinnen ihre Ware feilbieten, das Engelskind, die allerliebste Geheimeratstochter, von neuem aufgestoßen ist.

DER VETTER. Nach den Blumen dort schau' ich nicht gerne hin, lieber Vetter; es hat damit eine eigne Bewandtnis. Die Verkäuferin, welche der Regel nach den schönsten Blumenflor ausgesuchter Nelken, Rosen, und anderer seltenerer Gewächse hält, ist ein ganz hübsches, artiges Mädchen, strebend nach höherer Kultur des Geistes; denn so wie sie der Handel nicht beschäftigt, liest sie emsig in Büchern, deren Uniform zeigt, dass sie zur großen *Kralowskischen* ästhetischen Hauptarmee gehören, welche bis in die entferntesten Winkel der Residenz siegend das Licht der Geistesbildung verbreitet. Ein lesendes Blumenmädchen ist für einen belletristischen Schriftsteller ein unwiderstehlicher Anblick. So kam es, dass, als vor langer Zeit mich der Weg bei den Blumen vorbeiführte, – auch an andern Tagen stehen die Blumen zum Verkauf,– ich das lesende Blumenmädchen gewahrend, überrascht stehen blieb. Sie saß, wie in einer dichten Laube von blühenden Geranien, und hatte das Buch aufgeschlagen auf dem Schoße, den Kopf in die Hand gestützt. Der Held musste gerade in augenscheinlicher Gefahr, oder sonst ein wichtiger Moment der Handlung eingetreten sein, denn höher glühten des Mädchens Wangen, ihre Lippen bebten, sie schien in ihrer Umgebung ganz entrückt. Vetter, ich will dir die seltsame Schwäche eines Schriftstellers ganz ohne Rücksicht gestehen. Ich war wie festgebannt an die Stelle – ich trippelte hin und her; was mag das Mädchen lesen? Dieser Gedanke beschäftigte meine ganze Seele. Der Geist der Schriftstellereitelkeit regte sich, und kitzelte mich mit der Ahnung, dass es eins meiner eigenen Werke sei, was eben jetzt das Mädchen in die phantastische Welt meiner Träumereien versetze. Endlich fasste ich ein Herz, trat hinan, und fragte nach dem Preise eines Nelkenstocks, der in einer entfernten Reihe stand. Während dass das Mädchen den Nelkenstock herbeiholte, nahm ich mit den Worten: »was lesen Sie denn da, mein schönes Kind?« das geklappte Buch zur Hand. Oh! all ihr Himmel, es war wirklich ein Werklein von mir, und zwar *** – Das Mädchen brachte die Blumen herbei, und gab zugleich den mäßigen Preis an. Was Blumen, was Nelkenstock, das Mädchen war mir in diesem Augenblick ein viel schätzenswerteres Publikum, als die ganze elegante Welt der Residenz. Aufgeregt, ganz entflammt von den süßesten Autorgefühlen, fragte ich mit anscheinender Gleichgültigkeit, wie denn dem Mädchen das Buch gefalle. »I mein lieber Herr«, erwiderte das Mädchen, »das ist ein gar schnakisches Buch. Anfangs wird einem ein wenig wirrig im Kopfe; aber dann ist es so, als wenn man mitten darin säße.« Zu meinem nicht geringen Erstaunen erzählte mir das Mädchen den Inhalt des kleinen Märchens ganz klar und deutlich, so dass ich wohl einsah, wie sie es schon mehrmals gelesen haben musste; sie wiederholte, es sei ein gar schnakisches Buch, sie habe bald herzlich lachen müssen, bald sei ihr ganz weinerlich zumute geworden; sie gab mir den Rat, falls ich das Buch noch nicht gelesen haben sollte, es mir nachmittags von Herrn *Kralowski* zu holen, denn sie wechsele eben nachmittags Bücher. – Nun sollte der große Schlag geschehn. Mit niedergeschlagenen Augen, mit einer Stimme, die an Süßigkeit dem Honig von Hybla zu vergleichen, mit dem seligen Lächeln des wonnerfüllten Autors, lispelte ich: »Hier, mein süßer Engel, hier steht der

Autor des Buchs, welches Sie mit solchem Vergnügen erfüllt hat, vor Ihnen in leibhaftiger Person.« Das Mädchen starrte mich sprachlos an, mit großen Augen und offnem Munde. Das galt mir für den Ausdruck der höchsten Verwunderung, ja eines freudigen Schrecks, dass das sublime Genie, dessen schaffende Kraft solch ein Werk erzeugt, so plötzlich bei den Geranien erschienen. Vielleicht, dachte ich, als des Mädchens Miene unverändert blieb, vielleicht glaubt sie auch gar nicht an den glücklichen Zufall, der den berühmten Verfasser des *** in ihre Nähe bringt. Ich suchte nun ihr auf alle mögliche Weise meine Identität mit jenem Verfasser darzutun, aber es war, als sei sie versteinert, und nichts entschlüpfte ihren Lippen, als: hm – so – i das wäre – wie –. Doch was soll ich dir die tiefe Schmach, welche mich in diesem Augenblicke traf, erst weitläuftig beschreiben. Es fand sich, dass das Mädchen niemals daran gedacht, dass die Bücher, welche sie lese, vorher gedichtet werden müssten. Der Begriff eines Schriftstellers, eines Dichters war ihr gänzlich fremd, und ich glaube wahrhaftig, bei näherer Nachfrage wäre der fromme kindliche Glaube ans Licht gekommen, dass der liebe Gott die Bücher wachsen ließe, wie die Pilze.

Ganz kleinlaut fragte ich nochmals nach dem Preise des Nelkenstocks. Unterdessen musste eine ganz andere dunkle Idee von dem Verfertigen der Bücher dem Mädchen aufgestiegen sein; denn da ich das Geld aufzählte, fragte sie ganz naiv und unbefangen: ob ich alle Bücher beim Herrn *Kralowski* mache? – pfeilschnell schoss ich mit meinem Nelkenstock von dannen.

ICH. Vetter, Vetter, das nenne ich gestrafte Autoreitelkeit; doch während du mir deine tragische Geschichte erzähltest, verwandte ich kein Auge von meiner Lieblingin. Bei den Blumen allein ließ der übermütige Küchendämon ihr volle Freiheit. Die grämliche Küchengouvernante hatte den schweren Marktkorb an die Erde gesetzt, und überließ sich, indem sie die feisten Arme bald übereinanderschlug, bald, wie es der äußere rhetorische Ausdruck der Rede zu erfordern schien, in die Seiten stemmte, mit drei Kolleginnen der unbeschreiblichen Freude des Gesprächs, und ihre Rede war, der Bibel entgegen, gewiss viel mehr als ja, ja, und nein, nein. Sieh nur, welch einen herrlichen Blumenflor sich der holde Engel ausgewählt hat und von einem rüstigen Burschen nachtragen lässt. Wie? Nein, das will mir nicht ganz gefallen, dass sie im Wandeln Kirschen aus dem kleinen Körbchen nascht; wie wird das feine Battisttuch, das wahrscheinlich darin befindlich, sich mit dem Obst befreunden?

DER VETTER. Der jugendliche Appetit des Augenblicks frägt nicht nach Kirschflecken, für die es Kleesalz und andere probate Hausmittel gibt. Und das ist eben die wahrhaft kindliche Unbefangenheit, dass die Kleine nun von den Drangsalen des bösen Markts sich in wiedererlangter Freiheit ganz gehen lässt. –

Doch schon lange ist mir jener Mann aufgefallen und ein unauflösbares Rätsel geblieben, der eben jetzt dort an der zweiten entfernten Pumpe an dem Wagen steht, auf dem ein Bauerweib aus einem großen Fass um ein billiges Pflaumenmus verspendet. Fürs Erste, lieber Vetter, bewundere die Agilität des Weibes, das, mit einem langen hölzernen Löffel bewaffnet, erst die großen Verkäufe zu viertel, halben und ganzen Pfunden beseitigt, und dann den gierigen Näschern, die ihre Papierchen, mitunter auch wohl ihre

Pelzmütze hinhalten, mit Blitzesschnelle das gewünschte Dreierkleckschen zuwirft, welches sie sogleich als stattlichen Morgeninbiss wohlgefällig verzehren – Kaviar des Volks! Bei dem geschickten Verteilen des Pflaumenmuses, mittelst des geschwenkten Löffels, fällt mir ein, dass ich einmal in meiner Kindheit hörte, es sei auf einer reichen Bauerhochzeit so splendid hergegangen, dass der delikate, mit einer dicken Kruste von Zimt, Zucker und Nelken überhäutete Reisbrei, mittelst eines Dreschflegels, verteilt worden. Jeder der werten Gäste durfte nur ganz gemütlich das Maul aufsperren, um die gehörige Portion zu bekommen, und es ging auf diese Weise recht zu, wie im Schlaraffenland. Doch, Vetter, hast du den Mann ins Auge gefasst?

ICH. Allerdings! – Wes Geisteskind ist die tolle abenteuerliche Figur? Ein wenigstens sechs Fuß hoher, winddürrer Mann, der noch dazu kerzengerade mit eingebogenem Rücken dasteht! Unter dem kleinen dreieckigen, zusammengequetschten Hütchen starrt hinten die Kokarde eines Haarbeutels hervor, der sich dann in voller Breite dem Rücken sanft anschmiegt. Der graue, nach längst verjährter Sitte zugeschnittene Rock, schließt sich, vorne von oben bis unten zugeknöpft, enge an den Leib an, ohne eine einzige Falte zu werfen, und schon erst, als er an den Wagen schritt, konnte ich bemerken, dass er schwarze Beinkleider, schwarze Strümpfe, und mächtige zinnerne Schnallen in den Schuhen trägt. Was mag er nur in dem viereckigen Kasten haben, den er so sorglich unter dem linken Arme trägt, und der beinahe dem Kasten eines Tabulettkrämers gleicht? –

DER VETTER. Das wirst du gleich erfahren, schau nur aufmerksam hin.

ICH. Er schlägt den Deckel des Kastens zurück – die Sonne scheint hinein – strahlende Reflexe – der Kasten ist mit Blech gefüttert – er macht der Pflaumenmusfrau, indem er das Hütchen vom Kopfe zieht, eine beinahe ehrfurchtsvolle Verbeugung. – Was für ein originelles, ausdrucksvolles Gesicht – feingeschlossene Lippen – eine Habichtsnase – große, schwarze Augen – hochstehende, starke Augenbrauen – eine hohe Stirn – schwarzes Haar – das Toupet *en cœur* frisiert, mit kleinen steifen Löckchen über den Ohren. – Er reicht den Kasten der Bauerfrau auf den Wagen, die ihn ohne weiteres mit Pflaumenmus füllt, und, ihm freundlich nickend wieder zurückreicht. – Mit einer zweiten Verbeugung entfernt sich der Mann – er windet sich hinan an die Heringstonne – er zieht ein Schubfach des Kastens hervor, legt einige erhandelte Salzmänner hinein, und schiebt das Fach wieder zu – ein drittes Schubfach ist, wie ich sehe, zu Petersilie und anderem Wurzelwerk bestimmt. – Nun durchschneidet er mit langen, gravitätischen Schritten den Markt in verschiedenen Richtungen, bis ihn der reiche, auf einem Tisch ausgebreitete Vorrat von gerupftem Geflügel festhält. So wie überall, macht er auch hier, ehe er zu feilschen beginnt, einige tiefe Verbeugungen – er spricht viel und lange mit der Frau, die ihn mit besonders freundlicher Miene anhört – er setzt den Kasten behutsam auf den Boden nieder, und ergreift zwei Enten, die er ganz bequem in die weite Rocktasche schiebt. – Himmel! es folgt noch eine Gans – den Puter schaut er bloß an mit liebäugelnden Blicken – er kann doch nicht unterlassen, ihn wenigstens mit dem Zeige- und Mittelfinger liebkosend zu berühren –; schnell hebt er seinen Kasten auf, verbeugt sich gegen das Weib ungemein verbindlich, und schreitet, sich mit Gewalt losreißend von dem verführerischen Gegenstand seiner Begierde, von dannen – er steuert geradezu los auf die Fleischerbuden – ist der Mensch ein Koch, der für ein Gastmahl zu sorgen hat? – er erhandelt eine Kalbskeule, die er noch in eine seiner Riesentaschen gleiten lässt. – Nun ist er fertig mit seinem Einkauf; er geht die Charlottenstraße herauf, mit solchem ganz seltsamen Anstand und Wesen, dass er aus irgendeinem fremden Lande hinabgeschneit zu sein scheint.

DER VETTER. Genug habe ich mir schon über diese exotische Figur den Kopf zerbrochen. – Was denkst du, Vetter, zu meiner Hypothese? Dieser Mensch ist ein alter Zeichenmeister, der in mittelmäßigen Schulanstalten sein Wesen getrieben hat, und vielleicht noch treibt. Durch allerlei industriöse Unternehmungen hat er viel Geld erworben; er ist geizig, misstrauisch, Zyniker bis zum Ekelhaften, Hagestolz, – nur einem Gott opfert er – dem Bauche; – seine ganze Lust ist gut zu essen, versteht sich, allein auf seinem Zimmer; – er ist durchaus ohne alle Bedienung, er besorgt alles selbst – an Markttagen holt er, wie du gesehen hast, seine Lebensbedürfnisse für die halbe Woche, und bereitet in einer kleinen Küche, die dicht bei seinem armseligen Stübchen belegen, selbst seine Speisen, die er dann, da der Koch es stets dem Gaumen des Herrn zu Dank macht, mit gierigem, ja vielleicht tierischem Appetit verzehrt. Wie geschickt und zweckmäßig er einen alten Malkasten zum Marktkorbe aptiert hat, auch das hast du bemerkt, lieber Vetter.

ICH. Weg von dem widrigen Menschen.

DER VETTER. Warum widrig? Es muss auch solche Käuze geben, sagt ein welterfahrner Mann, und er hat recht, denn die Varietät kann nie bunt genug sein. Doch missfällt dir der Mann so sehr, lieber Vetter, so kann ich dir darüber, was er ist, tut und treibt, noch eine andere Hypothese aufstellen. Vier Franzosen, und zwar sämtlich Pariser, ein Sprachmeister, ein Fechtmeister, ein Tanzmeister und ein Pastetenbäcker, kamen in ihren Jugendjahren gleichzeitig nach Berlin, und fanden, wie es damals (gegen das Ende des vorigen Jahrhunderts) gar nicht fehlen konnte, ihr reichliches Brot. Seit dem Augenblick, als die Diligence sie auf der Reise vereinigte, schlossen sie den engsten Freundschaftsbund, blieben ein Herz und eine Seele, und verlebten jeden Abend nach vollbrachter Arbeit zusammen, als echte alte Franzosen, in lebhafter Konversation, bei frugalem Abendessen. Des Tanzmeisters Beine waren stumpf worden, des Fechtmeisters Arme durch das Alter entnervt, dem Sprachmeister Rivale, die sich der neuesten Pariser Mundart rühmten, über den Kopf gestiegen, und die schlauen Erfindungen des Pastetenbäckers überboten jüngere Gaumenkitzler, von den eigensinnigsten Gastronomen in Paris ausgebildet.

Aber jeder des treu verbundenen Quatuors hatte indessen sein Schäfchen ins Trockne gebracht. Sie zogen zusammen in eine geräumige, ganz artige, jedoch entlegene Wohnung, gaben ihre Geschäfte auf, und lebten zusammen, alt französischer Sitte getreu, ganz lustig und sorgenfrei, da sie selbst den Bekümmernissen und Lasten der unglücklichen Zeit geschickt zu entgehen wussten. Jeder hat ein besonderes Geschäft, wodurch der Nutzen und das Vergnügen der Sozietät befördert wird. Der Tanzmeister und der Fechtmeister besuchen ihre alten Scholaren, ausgediente Offiziers von höherm Range, Kammerherren, Hofmarschälle usw.; denn sie hatten die vornehmste Praxis, und sammeln die Neuigkeiten des Tages zum Stoff für ihre Unterhaltung, der nie ausgehen darf. Der Sprachmeister durchwühlt die Läden der Antiquare, um immer mehr französische Werke auszumitteln, deren Sprache die Akademie gebilligt hat. Der Pastetenbäcker sorgt für die Küche; er kauft ebenso gut selbst ein, als er die Speisen ebenfalls selbst bereitet, worin ihm ein alter französischer Hausknecht beisteht. Außer diesem besorgt für jetzt, da eine alte zahnlose Französin, die sich von der französischen Gouvernante bis zur Aufwaschmagd heruntergedient hatte, gestorben, ein pausbäckiger Junge, den die vier von den *Orphelins françois* zu sich genommen, die Bedienung. – Dort geht der kleine Himmelblaue, an einem Arm einen Korb mit Mundsemmeln, an dem andern einen Korb, in dem der Salat hoch aufgetürmt ist. – So habe ich den widrigen zynischen deutschen Zeichenmeister augenblicklich zum gemütlichen französischen Pastetenbäcker umgeschaffen, und ich glaube, dass sein Äußeres, sein ganzes Wesen recht gut dazu passt.

ICH. Diese Erfindung macht deinem Schriftstellertalent Ehre, lieber Vetter. Doch mir leuchten schon seit ein paar Minuten dort jene hohen weißen Schwungfedern in die Augen, die sich aus dem dicksten Gedränge des Volkes emporheben. Endlich tritt die Gestalt dicht bei der Pumpe hervor – ein großes, schlankgewachsenes Frauenzimmer von gar nicht üblem Ansehen – der Überrock von rosarotem schwerem Seidenzeuge ist funkelnagelneu – der Hut von der neuesten Façon, der daran befestigte Schleier von schönen Spitzen – weiße Glacéhandschuhe. – Was nötigte die elegante, wahrscheinlich zu einem Dejeuner eingeladene Dame, sich durch das Gewühl des Marktes zu drängen? – Doch wie, auch sie gehört zu den Einkäuferinnen? Sie steht still, und winkt einem alten, schmutzigen, zerlumpten Weibe, die ihr, ein lebhaftes Bild der Misère im Hefen des Volks, mit einem halbzerbrochenen Marktkorbe am Arm, mühsam nachhinkt. Die geputzte Dame winkt an der Ecke des Theatergebäudes, um dem erblindeten Landwehrmann, der dort an die Mauer gelehnt steht, ein Almosen zu geben. Sie zieht mit Mühe den Handschuh von der rechten Hand – hilf Himmel! eine blutrote, noch dazu ziemlich mannhaft gebaute Faust kommt zum Vorschein. Doch ohne lange zu suchen und zu wählen, drückt sie dem Blinden rasch ein Stück Geld in die Hand, läuft rasch bis in die Mitte der Charlottenstraße, und setzt sich dann in einen majestätischen Promenadenschritt, mit dem sie, ohne sich weiter um ihre zerlumpte Begleiterin zu kümmern, die Charlottenstraße hinauf nach den Linden wandelt.

DER VETTER. Das Weib hat, um sich auszuruhen, den Korb an die Erde gesetzt, und du kannst mit einem Blick den ganzen Einkauf der eleganten Dame übersehen.

ICH. Der ist in der Tat wunderlich genug. – Ein Kohlkopf – viele Kartoffeln – einige Äpfel – ein kleines Brot – einige Heringe in Papier gewickelt – ein Schafkäse, nicht von der appetitlichsten Farbe – eine Hammelleber – ein kleiner Rosenstock – ein Paar Pantoffeln – ein Stiefelknecht. – Was in aller Welt –

DER VETTER. Still, still, Vetter, genug von der Rosenroten! – Betrachte aufmerksam jenen Blinden, dem das leichtsinnige Kind der Verderbnis Almosen spendete. Gibt es ein rührenderes Bild unverdienten menschlichen Elends und frommer in Gott und Schicksal ergebener Resignation? Mit dem Rücken an die Mauer des Theaters gelehnt, beide abgedürrte Knochenhände auf einen Stab gestützt, den er einen Schritt vorgeschoben, damit das unvernünftige Volk ihm nicht über die Füße laufe, das leichenblasse Antlitz emporgehoben, das Landwehrmützchen in die Augen gedrückt, steht er regungslos vom frühen Morgen bis zum Schluss des Markts an derselben Stelle. –

ICH. Er bettelt, und doch ist für die erblindeten Krieger so gut gesorgt.

DER VETTER. Du bist in gar großem Irrtum, lieber Vetter. Dieser arme Mensch macht den Knecht eines Weibes, welches Gemüse feilhält, und die zu der niedrigeren Klasse dieser Verkäuferinnen gehört, da die vornehmere das Gemüse in, auf Wagen gepackten Körben herbeifahren lässt. Dieser Blinde kommt nämlich jeden Morgen, mit vollen Gemüsekörben bepackt, wie ein Lasttier, so dass ihn die Bürde beinahe zu Boden drückt, und er sich nur mit Mühe im wankenden Schritt mittelst des Stabes aufrecht erhält, herbei. Eine große, robuste Frau, in deren Dienste er steht, oder die ihn vielleicht nur eben zum Hinschaffen des Gemüses auf den Markt gebraucht, gibt sich, wenn nun seine Kräfte beinahe ganz erschöpft sind, kaum die Mühe, ihn beim Arm zu ergreifen, und weiter an Ort und Stelle, nämlich eben an den Platz, den er jetzt einnimmt, hinzuhelfen. Hier nimmt sie ihm die Körbe vom Rücken, die sie selbst hinüberträgt, und lässt ihn stehen, ohne sich im mindesten um ihn eher zu bekümmern, als bis der Markt geendet ist, und sie ihm die ganz, oder nur zum Teil geleerten Körbe wieder aufpackt.

ICH. Es ist doch merkwürdig, dass man die Blindheit, sollten auch die Augen nicht verschlossen sein, oder sollte auch kein anderer sichtbarer Fehler den Mangel des Gesichts verraten, dennoch an der emporgerichteten Stellung des Hauptes, die den Erblindeten eigentümlich, sogleich erkennt; es scheint darin ein fortwährendes Streben zu liegen, etwas in der Nacht, die den Blinden umschließt, zu erschauen.

DER VETTER. Es gibt für mich keinen rührendern Anblick, als wenn ich einen solchen Blinden sehe, der mit emporgerichtetem Haupt in die weite Ferne zu schauen scheint. Untergegangen ist für den Armen die Abendröte des Lebens, aber sein inneres Auge strebt schon das ewige Licht zu erblicken, das ihm in dem Jenseits voll Trost, Hoffnung und Seligkeit leuchtet. – Doch ich werde zu ernst. – Der blinde Landwehrmann bietet mir jeden Markttag einen Schatz von Bemerkungen dar. Du gewahrst, lieber Vetter, wie sich bei diesem armen Menschen die Mildtätigkeit der Berliner recht lebhaft ausspricht. Oft ziehen ganze Reihen bei ihm vorüber, und keiner daraus verfehlt ihm ein Almosen zu reichen. Aber die Art und Weise, wie dieses Almosen gereicht wird, hierin liegt alles. Schau einmal, lieber Vetter, eine Zeitlang hin, und sag mir, was du gewahrst.

ICH. Eben kommen drei, vier, fünf stattliche derbe Hausmägde; die mit zum Teil schwer ins Gewicht fallenden Waren übermäßig vollgepackten Körbe schneiden ihnen beinahe die nervichten blau aufgelaufenen Arme wund; sie haben Ursache zu eilen, um ihre Last loszuwerden, und doch weilt jede einen Augenblick, greift schnell in den Marktkorb und drückt dem Blinden ein Stück Geld, ohne ihn einmal anzusehen, in die Hand. Die Ausgabe steht als notwendig und unerlässlich auf dem Etat des Markttages. Das ist recht! – Da kommt eine Frau, deren Anzuge, deren ganzem Wesen man die Behaglichkeit und Wohlhabenheit deutlich anmerkt – sie bleibt vor dem Invaliden stehen, zieht ein Beutelchen hervor, und sucht und sucht, und kein Stück Geld scheint ihr klein genug zum Akt der Wohltätigkeit, den sie zu vollführen gedenkt – sie ruft ihrer Köchin zu – es findet sich, dass auch dieser die kleine Münze ausgegangen – sie muss erst bei den Gemüseweibern wechseln – endlich ist der zu verschenkende Dreier herbeigeschafft – nun klopft sie dem Blinden auf die Hand, damit er ja merke, dass er etwas empfangen werde – er öffnet den Handteller – die wohltätige Dame drückt ihm das Geldstück hinein und schließt ihm die Faust, damit die splendide Gabe ja nicht verlorengehe. – Warum trippelt die kleine niedliche Mamsell so hin und her und nähert sich immer mehr und mehr dem Blinden? Ha, im Vorbeihuschen hat sie schnell, dass es gewiss niemand als ich, der ich sie auf dem Kern meines Glases habe, bemerkte, dem Blinden ein Stück Geld in die Hand gesteckt – das war gewiss kein Dreier. Der glaue, wohlgemästete Mann im braunen Rocke, der dort so gemütlich dahergeschritten kommt, ist gewiss ein sehr reicher Bürger. Auch er bleibt vor dem Blinden stehen und lässt sich in ein langes Gespräch mit ihm ein, indem er den übrigen Leuten den Weg versperrt und sie hindert, dem Blinden Almosen zu spenden; – endlich, endlich zieht er eine mächtige grüne Geldbörse aus der Tasche, entknüpft sie nicht ohne Mühe, und wühlt so entsetzlich im Gelde, dass ich glaube, es bis hieher klappern zu hören. – *Parturiunt montes!* – Doch will ich wirklich glauben, dass der edle Menschenfreund, vom Bilde des Jammers hingerissen, sich bis zum schlechten Groschen verstieg. – Bei allem dem meine ich doch, dass der Blinde an den Markttagen nach seiner Art keine geringe Einnahme macht, und mich wundert, dass er alles ohne das mindeste Zeichen von Dankbarkeit annimmt; nur eine leise Bewegung der Lippen, die ich wahrzunehmen glaube, zeigt, dass er etwas spricht, was wohl Dank sein mag – doch auch diese Bewegung bemerke ich nur zuweilen.

DER VETTER. Da hast du den entschiedenen Ausdruck vollkommen abgeschlossener Resignation: was ist ihm das Geld, er kann es nicht nutzen; erst in der Hand eines andern, dem er sich rücksichtslos anvertrauen muss, erhält es seinen Wert – ich kann mich sehr irren; aber mir scheint, als wenn das Weib, deren Gemüsekörbe er trägt, eine fatale böse Sieben sei, die den Armen schlecht hält, unerachtet sie höchst wahrscheinlich alles Geld, was er empfängt, in Beschlag nimmt. Jedes Mal, wenn sie die Körbe zurückbringt, keift sie mit dem Blinden, und zwar in dem Grade mehr oder weniger, als sie einen bessern oder schlechtern Markt gemacht hat. Schon das leichenblasse Gesicht, die abgehungerte Gestalt, die zerlumpte Kleidung des Blinden, lässt vermuten, dass seine Lage schlimm genug ist, und es wäre die Sache eines tätigen Menschenfreundes, diesem Verhältnis näher nachzuforschen.

ICH. Indem ich den ganzen Markt überschaue, bemerke ich, dass die Mühlwagen dort, über die Tücher wie Zelte aufgespannt sind, deshalb einen malerischen Anblick gewähren, weil sie dem Auge ein Stützpunkt sind, um den sich die bunte Masse zu deutlichen Gruppen bildet.

DER VETTER. Von den weißen Mehlwagen und den mehlbestaubten Mühlknappen und Müllermädchen mit rosenroten Wangen, jede eine *bella molinara*, kenne ich gerade auch etwas Entgegengesetztes. Mit Schmerz vermisse ich nämlich eine Köhlerfamilie, die sonst ihre Ware gerade über meinem Fenster am Theater feilbot, und jetzt hinübergewiesen sein soll auf die andere Seite. Diese Familie besteht aus einem großen robusten Mann mit ausdrucksvollem Gesicht, markichten Zügen, heftig, beinahe gewaltsam in seinen Bewegungen, genug, ganz treues Abbild der Köhler, wie sie in Romanen vorzukommen pflegen. In der Tat, begegnete ich diesem Mann einsam im Walde, es würde mich ein wenig frösteln, und seine freundschaftliche Gesinnung würde mir in dem Augenblicke die liebste auf Erden sein. Diesem Mann steht als zweites Glied der Familie im schneidensten Kontrast, ein kaum vier Fuß hoher, seltsam verwachsener Kerl entgegen, der die Possierlichkeit selbst ist. Du weißt, lieber Vetter, dass es Leute gibt von gar seltsamem Bau; auf den ersten Blick muss man sie für bucklig erkennen, und doch vermag man bei näherer Betrachtung durchaus nicht anzugeben, wo ihnen denn eigentlich der Buckel sitzt.

ICH. Ich erinnere mich hiebei des naiven Ausspruchs eines geistreichen Militärs, der mit einem solchen Naturspiel in Geschäften viel zu tun hatte, und dem das Unergründliche des wunderlichen Baues ein Anstoß war. »Einen Buckel«, sagte er, »einen Buckel hat der Mensch, aber wo ihm der Buckel sitzt, das weiß der Teufel!« –

DER VETTER. Die Natur hatte im Sinn, aus meinem kleinen Kohlenbrenner eine riesenhafte Figur von etwa sieben Fuß zu bilden, denn dieses zeigen die kolossalen Hände und Füße, beinahe die größten, die ich in meinem Leben gesehen. Dieser kleine Kerl, mit einem großkragigen Mäntelchen bekleidet, eine wunderliche Pelzmütze auf dem Haupte, ist in steter rastloser Unruhe; mit einer unangenehmen Beweglichkeit hüpft und trippelt er hin und her, ist bald hier bald dort, und müht sich, den Liebenswürdigen, den Charmanten, den *primo amoroso* des Markts zu spielen. Kein Frauenzimmer, gehört sie nicht geradehin zum vornehmeren Stande, lässt er vorübergehn, ohne ihm nachzutrippeln, und mit ganz unnachahmlichen Stellungen, Gebärden und Grimassen, Süßigkeiten auszustoßen, die nun freilich im Geschmack der Kohlenbrenner sein mögen. Zuweilen treibt er die Galanterie so weit, dass er im Gespräch den Arm sanft um die Hüften des Mädchens schlingt, und, die Mütze in der Hand, der Schönheit huldigt, oder ihr seine Ritterdienste anbietet. Merkwürdig genug, dass die Mädchen sich nicht allein das gefallen lassen, sondern überdem dem kleinen Ungetüm freundlich zunicken, und seine Galanterien überhaupt gar gerne zu haben scheinen. Dieser kleine Kerl ist gewiss mit einer reichen Dosis von natürlichem Mutterwitz, dem entschiedenen Talent fürs Possierliche, und der Kraft, es darzustellen, begabt. Er ist der Pagliasso, der Tausendsassa, der Allerweltskerl in der ganzen Gegend, die den Wald umschließt, wo er hauset; ohne ihn kann keine Kindtaufe, kein Hochzeitsschmaus, kein Tanz im Kruge, kein Gelag bestehen; man freuet sich auf seine Späße und belacht sie das ganze Jahr hindurch. Der Rest der Familie besteht, da die Kinder und etwanigen Mägde zu Hause gelassen werden, nur noch aus zwei Weibern von robustem Bau und finsterm, mürrischem Ansehn, wozu freilich der Kohlenstaub, der sich in den Falten des Gesichts festsetzt, viel beiträgt. Die zärtliche Anhänglichkeit eines großen Spitzes, mit dem die Familie jeden Bissen teilt, den sie während des Marktes selbst genießt, zeigte mir übrigens, dass es in der Köhlerhütte recht ehrlich und patriarchalisch zugehen mag. Der Kleine hat übrigens Riesenkräfte, weshalb die Familie ihn dazu braucht, die verkauften Kohlensäcke den Käufern ins Haus zu schaffen. Ich sah oft, ihn von den Weibern mit wohl zehn großen Körben bepacken, die sie hoch übereinander auf seinen Rücken häuften, und er hüpfte damit fort, als fühle er keine Last. Von hinten sah nun die Figur so toll und abenteuerlich aus, als man nur etwas sehen kann. Natürlicherweise gewahrte man von der werten Figur des Kleinen auch nicht das allermindeste, sondern bloß einen ungeheuren Kohlensack, dem unten ein Paar Füßchen angewachsen waren. Es schien ein fabelhaftes Tier, eine Art märchenhaftes Känguru über den Markt zu hüpfen.

ICH. Sieh, sieh, Vetter, dort an der Kirche entsteht Lärm. Zwei Gemüseweiber sind wahrscheinlich über das leidige *Meum* und *Tuum* in heftigen Streit geraten, und scheinen, die Fäuste in die Seiten gestemmt, sich mit feinen Redensarten zu bedienen. Das Volk läuft zusammen – ein dichter Kreis umschließt die Zankenden – immer stärker und gellender erheben sich die Stimmen – immer heftiger fechten sie mit den Händen durch die Lüfte – immer näher rücken sie sich auf den Leib – gleich wird es zum Faustkampf kommen – die Polizei macht sich Platz – wie? Plötzlich erblicke ich eine Menge Glanzhüte zwischen den Zornigen – im Augenblick gelingt es den Gevatterinnen, die erhitzten Gemüter zu besänftigen – aus ist der Streit – ohne Hülfe der Polizei – ruhig kehren die Weiber zu ihren Gemüsekörben zurück – das Volk, welches nur einige Mal, wahrscheinlich bei besonders drastischen Momenten des Streits, durch lautes Aufjauchzen seinen Beifall zu erkennen gab, läuft auseinander. –

DER VETTER. Du bemerkst, lieber Vetter, dass dieses während der ganzen langen Zeit, die wir hier am Fenster zugebracht, der einzige Zank war, der sich auf dem Markte entspann, und der lediglich durch das Volk selbst beschwichtigt wurde. Selbst ein ernsterer, bedrohlicherer Zank wird gemeinhin von dem Volke selbst auf diese Weise gedämpft, dass sich alles zwischen die Streitenden drängt, und sie auseinanderbringt. Am vorigen Markttage stand zwischen den Fleisch- und Obstbuden ein großer, abgelumpter Kerl, von frechem, wildem Ansehn, der mit dem vorübergehenden Fleischerknecht plötzlich in Streit geriet; er führte ohne weiteres mit dem furchtbaren Knittel, den er wie ein Gewehr über die Schulter gelehnt trug, einen Schlag gegen den Knecht, der diesen wahrscheinlich auf der Stelle zu Boden gestreckt haben würde, wäre er nicht geschickt ausgewichen und in seine Bude gesprungen. Hier bewaffnete er sich aber mit einer gewaltigen Fleischeraxt und wollte dem Kerl zu Leibe. Alle Aspekten waren dazu da, dass das Ding sich mit Mord und Totschlag endigen, und das Kriminalgericht in Tätigkeit gesetzt werden würde. Die Obstfrauen, lauter kräftige und wohlgenährte Gestalten, fanden sich aber verpflichtet, den Fleischerknecht so liebreich und fest zu umarmen, dass er sich nicht aus der Stelle zu rühren vermochte; er stund da mit hoch emporgeschwungener Waffe, wie es in jener pathetischen Rede vom rauen Pyrrhus heißt:

> wie ein gemalter Wütrich, und wie parteilos zwischen Kraft und Willen, tat nichts.

Unterdessen hatten andere Weiber, Bürstenbinder, Stiefelknechtverkäufer usw., den Kerl umringend, der Polizei Zeit gegönnt, heranzukommen, und sich seiner, der mir ein freigelassener Sträfling schien, zu bemächtigen.

ICH. Also herrscht in der Tat im Volk ein Sinn für die zu erhaltende Ordnung, der nicht anders als für alle sehr ersprießlich wirken kann.

DER VETTER. Überhaupt, mein lieber Vetter, haben mich meine Beobachtungen des Marktes in der Meinung bestärkt, dass mit dem Berliner Volk, seit jener Unglücksperiode, als ein frecher, übermütiger Feind das Land überschwemmte, und sich vergebens mühte, *den* Geist zu unterdrücken, der bald wie eine gewaltsam zusammengedrückte Spiralfeder mit erneuter Kraft emporsprang, eine merkwürdige Veränderung vorgegangen ist. Mit einem Wort: das Volk hat an äußerer Sittlichkeit gewonnen; und wenn du dich einmal an einem schönen Sommertage gleich nachmittags nach den Zelten bemühst und die Gesellschaften beobachtest, welche sich nach Moabit einschiffen lassen, so wirst du selbst unter gemeinen Mägden und Tagelöhnern ein Streben nach einer gewissen Courtoisie bemerken, das ganz ergötzlich ist. Es ist der Masse so gegangen, wie dem Einzelnen, der viel Neues gesehn, viel Ungewöhnliches erfahren, und der mit dem *Nil admirari* die Geschmeidigkeit der äußern Sitte gewonnen. Sonst war das Berliner Volk roh und brutal; man durfte z. B. als Fremder kaum nach einer Straße, oder nach einem Hause, oder sonst nach etwas fragen, ohne eine grobe, oder verhöhnende Antwort zu erhalten, oder durch falschen Bescheid gefoppt zu werden. Der Berliner Straßenjunge, der den kleinsten Anlass, einen etwas auffallenden Anzug, einen lächerlichen Unfall, der jemanden geschah, zu dem abscheulichsten Frevel benutzte, existiert nicht mehr. Denn jene Zigarrenjungen vor den Toren, die den fidelen »Hamburger *avec du feu*« ausbieten, diese Galgenstricke, welche ihr Leben in Spandau, oder Straußberg, oder wie noch kürzlich einer von ihrer Rasse auf dem Schafott endigen, sind keineswegs das, was der eigentliche Berliner Straßenjunge war, der nicht Vagabond, sondern gewöhnlich Lehrbursche bei einem Meister – es ist lächerlich zu sagen – bei aller Gottlosigkeit und Verderbnis, doch ein gewisses Point d'Honneur besaß, und dem es an gar drolligem Mutterwitz nicht mangelte.

ICH. Oh, lieber Vetter, lass mich dir in aller Geschwindigkeit sagen, wie neulich mich ein solcher fataler Volkswitz tief beschämt hat. Ich gehe vors Brandenburger Tor und werde von Charlottenburger Fuhrleuten verfolgt, die mich zum Aufsitzen einladen; einer von ihnen, ein höchstens sechzehn, siebzehnjähriger Junge, treibt die Unverschämtheit so weit, dass er mich mit seiner schmutzigen Faust beim Arm packt. »Will er mich wohl nicht anfassen!« fahre ich ihn zornig an. »Nun, Herr«, erwiderte der Junge ganz gelassen, indem er mich mit seinen großen, stieren Augen anglotzt, »nun, Herr, warum soll ich Ihnen denn nicht anfassen, sind Sie vielleicht nicht ehrlich?«

DER VETTER. Haha! dieser Witz ist wirklich einer, aber recht aus der stinkenden Grube der tiefsten Depravation gestiegen. – Die Witzwörter der Berliner Obstweiber u. a. waren sonst weltberühmt, und man tat ihnen sogar die Ehre an, sie shakespearesch zu nennen, unerachtet bei näherer Beleuchtung ihre Energie und Originalität nur vorzüglich in der schamlosen Frechheit bestand, womit sie den niederträchtigsten Schmutz als pikante Schüssel auftischten. – Sonst war der Markt der Tummelplatz des Zanks, der Prügeleien, des Betrugs, des Diebstahls, und keine honette Frau durfte es wagen, ihren Einkauf selbst besorgen zu wollen, ohne sich der größten Unbill auszusetzen. Denn nicht allein, dass das Hökervolk gegen sich selbst und alle Welt zu Felde zog, so gingen noch Menschen ausdrücklich darauf aus, Unruhe zu erregen, um dabei im Trüben zu fischen, wie z. B. das aus allen Ecken und Enden der Welt zusammengeworbene Gesindel, welches damals in den Regimentern steckte. Sieh, lieber Vetter, wie jetzt dagegen der Markt das anmutige Bild der Wohlbehaglichkeit und des sittlichen Friedens darbietet. Ich weiß, enthusiastische Rigoristen, hyperpatriotische Aszetiker eifern grimmig gegen diesen vermehrten äußern Anstand des Volks, indem sie meinen, dass mit dieser Abgeschliffenheit der Sitte auch das Volkstümliche abgeschliffen werde und verlorengehe. Ich meinesteils bin der festen, innigsten Überzeugung, dass ein Volk, das sowohl den Einheimischen, als den Fremden nicht mit Grobheit oder höhnischer Verachtung, sondern mit höflicher Sitte behandelt, dadurch unmöglich seinen Charakter einbüßen kann. Mit einem sehr auffallenden Beispiel, welches die Wahrheit meiner Behauptung dartut, würde ich bei jenen Rigoristen gar übel wegkommen.

Immer mehr hatte sich das Gedränge vermindert; immer leerer und leerer war der Markt worden. Die Gemüseverkäuferinnen packten ihre Körbe zum Teil auf herbeigekommene Wagen, zum Teil schleppten sie sie selbst fort – die Mehlwagen fuhren ab – die Gärtnerinnen schafften den übrig gebliebenen Blumenvorrat auf großen Schiebkarren fort – geschäftiger zeigte sich die Polizei, alles, und vorzüglich die Wagenreihe, in gehöriger Ordnung zu erhalten; diese Ordnung wäre auch nicht gestört, wenn es nicht hin und wieder einem schismatischen Bauerjungen eingefallen wäre, quer über den Platz, seine eigne neue Beringstraße zu entdecken, zu verfolgen, und seinen kühnen Lauf mitten durch die Obstbuden, geradezu nach der Türe der deutschen Kirche zu richten. Das gab denn viel Geschrei und viel Ungemach des zu genialen Wagenlenkers. »Dieser Markt«, sprach der Vetter, »ist auch jetzt ein treues Abbild des ewig wechselnden Lebens. Rege Tätigkeit, das Bedürfnis des Augenblicks, trieb die Menschenmasse zusammen; in wenigen Augenblicken ist alles verödet, die Stimmen, welche im wirren Getöse durcheinanderströmten, sind verklungen, und jede verlassene Stelle spricht das schauerliche: es war! nur zu lebhaft aus.« – Es schlug ein Uhr, der grämliche Invalide trat ins Kabinett, und meinte mit verzogenem Gesicht: der Herr möge doch nun endlich das Fenster verlassen und essen, da sonst die aufgetragenen Speisen wieder kalt würden. »Also hast du doch Appetit, lieber Vetter?« fragte ich. »O ja«, erwiderte der Vetter mit schmerzlichem Lächeln, »du wirst es gleich sehen.«

Der Invalide rollte ihn ins Zimmer. Die aufgetragenen Speisen bestanden in einem mäßigen mit Fleischbrühe gefüllten Suppenteller, einem in Salz aufrecht gestellten weichgesottenen Ei, und einer halben Mundsemmel.

»Ein einziger Bissen mehr«, sprach der Vetter leise und wehmütig, indem er meine Hand drückte, »das kleinste Stückchen des verdaulichsten Fleisches, verursacht mir die entsetzlichsten Schmerzen, und raubt mir allen Lebensmut und das letzte Fünkchen von guter Laune, das noch hin und wieder aufglimmen will.«

Ich wies nach dem am Bettschirm befestigten Blatt, indem ich mich dem Vetter an die Brust warf und ihn heftig an mich drückte.

»Ja, Vetter!« rief er mit einer Stimme, die mein Innerstes durchdrang, und es mit herzzerschneidender Wehmut erfüllte, »ja Vetter:

Et si male nunc, non olim sic erit!«

Armer Vetter!

Zu dieser Ausgabe

E. T. A. Hoffmann veröffentlichte seine Erzählung in der von Johann David Symanski herausgegebenen Zeitschrift *Der Zuschauer*; sie erschien dort in sechs Folgen. Diesem Erstdruck folgt die vorliegende Ausgabe.

> Des Vetters Eckfenster. Mitgetheilt v. E. T. A. Hoffmann. In: Der Zuschauer. Zeitblatt für Belehrung und Aufheiterung. Nr. 49. 23. April 1822. – Nr. 50. 25. April 1822. – Nr. 51. 27. April 1822. – Nr. 52. 30. April 1822. – Nr. 53. 2. Mai 1822. – Nr. 54. 4. Mai 1822.

Die Orthographie wurde behutsam und unter Wahrung des Lautstands nach den amtlichen Rechtschreibregeln modernisiert, das betrifft auch Schreibgewohnheiten der Zeit (z. B. »sein« statt »seyn«, »Tat« statt »That«, »Ware« statt »Waare«, »Kompliment« statt »Compliment«, »Fixieren« statt »Fixiren«, »schnakisch« statt »schnackisch«, »Charakter« statt »Karakter«, »den Charmanten« statt »den Scharmanten« usw.). Umlaute in Großbuchstaben (Ae, Oe, Ue) werden als Ä, Ö, Ü wiedergegeben; das in Umlauten über a, o, u gesetzte e (*e superscriptum*) wurde in ä, ö, ü aufgelöst. Die Abkürzung »u.s.w.« wurde in die uns geläufige Form »usw.« verändert. Zusammengesetzte Hauptwörter, die Hoffmann oft mit einem Bindestrich versieht, werden in der Regel zusammengeschrieben (z. B. »Dichtersitte« statt »Dichter-Sitte«, Geheimsekretär« statt »Geheim-Secretair«, »Apfelsinenwahl« statt »Apfelsinen-Wahl« usw., aber »Geheimen Oberfinanzrats« statt »Geheimen-Oberfinanzraths«). Hoffmanns Schreibung »nervigt«, »scheckigt«, »markigt« usw. wurde normalisiert zu »nervicht«, »scheckicht«, »markicht«; umgekehrt wurde »mannichfach« korrigiert zu »mannigfach«.

Die Fremdwortschreibung wurde, sofern die Begriffe in den deutschen Wortschatz eingegangen sind, normalisiert (z. B. »Primizien« statt »Primitien«, »Kabinett« statt »Kabinet«, »honett« statt »honnett«, »Militär« statt »Militair«). Bei einigen Begriffen, die möglicherweise noch französisch ausgesprochen wurden, wurde die Schreibung beibehalten (z. B. »Tabouret«, nicht »Taburett«); auch »Shawl« (ein Umhängetuch, das, ursprünglich aus Kaschmir stammend und über England nach Europa vermittelt, damals ein fester Bestandteil der Damenmode war) und das aus dem Lateinischen stammende »Domestica« wurden unverändert übernommen. Fremdsprachige Ausdrücke, die in der Vorlage durch einen Schriftwechsel von der Fraktur zur Antiqua gekennzeichnet sind, werden hier kursiv wiedergegeben, ebenso Ausdrücke, die in der Vorlage zur Betonung im Sperrsatz erscheinen.

Stillschweigend eingegriffen wurde bei der Wiedergabe von wörtlicher Rede: Das schließende Anführungszeichen steht jeweils vor dem Komma. Ansonsten folgt die Interpunktion der Vorlage bis auf wenige Ausnahmen; diese sowie alle weiteren Eingriffe sind im Folgenden aufgelistet:

7,18 f. Asafoetida] Aassa fötida 8,3 den Weg] der Weg 9,28 Hoffnung,] Hoffnung 11,9 folgendes Gespräch. *Danach Leerzeile eingefügt.* 11,21 Chodowiecki] Chodowecki 15,16 dass] das 19,12 Ballchaussure] Ballchaussüre 22,13 Residenz.] Residenz 22,31 »Hier,] »hier, 23,28 mache?] mache?« 24,14 Battisttuch,] Battisttuch 25,15 winddürrer] wieddürrer 26,8 Toupet] Toupe 27,25 tierischem] tierischen 32,23 f. ins Gewicht fallenden] ins Gewicht fallende 35,22 f. Buckel«, sagte er, »einen] Buckel, sagte er, einen 39,19 beobachtest,] beobachtest 40,6 Rasse] Raçe 41,24 f. wegkommen. *Danach Leerzeile eingefügt statt einer auf Mitte stehenden feinen Linie.* 42,6 Beringstraße] Behringsstraße 42,21 Appetit,] Appetit

Anmerkungen

7,1 *Vetter:* ›Vetter‹ kann einen männlichen Verwandtschaftsgrad bezeichnen, muss dies in der Semantik um 1800 aber nicht mehr tun; dem Grimmschen Wörterbuch zufolge genügt bereits die »vorstellung einer verwandtschaft zwischen dem sprechenden und angeredeten« (*Deutsches Wörterbuch von Jacob und Wilhelm Grimm*, hrsg. von der deutschen Akademie der Wissenschaften zu Berlin, Bd. 12, II. Abt.: »Vesche – Vulkanisch«, bearb. von Rudolf Meiszner, Leipzig 1951, Sp. 31 [kursiv im Orig.]); dass sich hier ausgerechnet zwei ›Vettern‹ unterhalten, situiert die in *Der Zuschauer* erstveröffentlichte Erzählung einmal mehr in die journalliterarische Tradition, vor allem der moralischen Wochenschriften der Frühaufklärung, vgl. dazu Oesterle (2004), S. 263.

7,2 *Scarron:* Paul S. (1610–1660), französischer Schriftsteller, seit Ende der 1630er Jahre durch chronischen Gelenkrheumatismus zunehmend gelähmt. Er verfasste burleske Erzählungen und Komödien, z. B. den unvollendeten *Roman comique* (2 Bde., 1651/57), den auch Hoffmann gekannt haben soll.

7,5 *nervichten:* nervicht: nervig, im Sinne von ›kraftvoll‹, ›muskulös‹.

7,6 *Invaliden:* Invalide: ein kriegsversehrter, nicht mehr diensttauglicher ehemaliger Soldat.

7,8 *schrotet:* schroten: eine schwere Last mit großer Anstrengung fortbewegen, abladen oder schieben.

7,14 *Laune:* hier im Sinne von ›Temperament‹, ›Wesens‹- oder ›Gemütsart‹.

7,18 *Asafoetida:* (lat. *asa foetida*) Stinkasant, Teufelsdreck; ein stark nach Knoblauch riechendes und schmeckendes Gummiharz aus den Wurzeln verschiedener Arten asiatischer Doldenblütler, das als Nervenberuhigungsmittel verwendet wurde. Hier eine Anspielung auf Frivolitäten in Scarrons Roman.

8,9 *Melancholie:* Traurigkeit, Schwermut, Verzweiflung.

8,12 *jener alte, vom Wahnsinn zerrüttete Maler:* Diese Stelle bezieht sich auf Hoffmanns Erzählung *Der Artushof*, in der es unter anderem heißt: »Er sitzt ganze Tage hindurch vor der aufgespannten grundierten Leinwand, den starren Blick darauf geheftet« (E. T. A.

Hoffmann: *Die Bergwerke zu Falun. Der Artushof*, Nachw. und Anm. von Claudia Liebrand, Stuttgart 2021 [Reclams Universal-Bibliothek, Nr. 14078], S. 61).

8,19 *Klause:* enger, eingeschlossener Raum, Klosterzelle oder Einsiedelei; hier im Sinne von ›in sich selbst‹.

9,2 *auf dem großen Markte:* Hoffmann wohnte zum Zeitpunkt der Entstehung des Textes in Berlin, Taubenstraße Nr. 31; das Gebäude war ein Eckhaus. Das Fenster von Hoffmanns Arbeitszimmer ging auf die Charlottenstraße hinaus mit Blick auf den Gendarmenmarkt, das Schauspielhaus sowie die Deutsche und die Französische Kirche.

9,7 *Panorama:* Rundblick; hier gebraucht in Anspielung auf eine zeitgenössisch populäre Kunstform, in der ein aus mehreren Einzelteilen zusammengesetztes Rundgemälde dem Betrachter eine 360-Grad-Übersicht z. B. über eine historische Szenerie oder Landschaft gewährte und dabei auf größtmögliche Realitätsillusion zielte.

9,15 f. *Warschauer Schlafrock ... türkischen Sonntagspfeife:* Attribute, die sowohl auf Zeichnungen als auch in anderen Werken Hoffmanns auftreten; dem zeitgenössischen Verständnis nach kennzeichnen sie einen ›Philister‹ oder ›Spießbürger‹, vgl. z. B. Clemens Brentano, *Der Philister vor, in und nach der Geschichte* [1811], in: C. B., *Sämtliche Werke und Briefe. Historisch-kritische Ausgabe*, veranst. vom Freien Deutschen Hochstift, Bd. 21,1: *Prosa VI,1*, hrsg. von Jürgen Behrens [u. a.], Stuttgart 2013, S. 113–184.

9,27 *Et si male nunc, non olim sic erit:* (lat.) »es wird, wenn es jetzt schlecht geht, nicht / auch künftig so sein«; leicht verändertes Zitat aus Horaz, *Ode* 2,10, wo es in V. 17 f. heißt: *non, si male nunc, et olim / sic erit* (Übers. zit. nach: Quintus Horatius Flaccus, *Sämtliche Werke*, lat./dt., hrsg. und übers. von Niklas Holzberg, Berlin/Boston 2018, S. 332).

10,5 *amüsable:* (frz.) Der Vetter sei ›leicht zu unterhalten‹, nicht aber von sich aus »amüsant« (8,6), also ›unterhaltsam‹; er gilt dem Kranken demnach als ein dankbarer Zuhörer, der selbst zur Unterhaltung nichts Interessantes beiträgt.

10,18 *aus seinen Kriegsjahren:* Gemeint sein könnten die Revolutions-

und Napoleonischen Kriege (1792–1807) oder die sog. Befreiungskriege (1813–1815).

10,24 *Tabouret:* (frz.) Taburett; Hocker, Schemel, Sitzgelegenheit ohne Lehne.

11,20 *Callot:* Jacques C. (1592–1635), von Hoffmann bewunderter französischer Zeichner, Kupferstecher und Radierer; bekannt für seine lebensnahen, oft ins Groteske gesteigerten Darstellungen, in denen er alle Schichten des Volkes charakterisierte.

11,21 *Chodowiecki:* Daniel Nikolaus Ch. (1726–1801), deutscher Zeichner, Radierer, Kupferstecher und Illustrator.

11,23 *Primizien der Kunst:* ›Erstlinge‹ (hier im Sinn von ›Grundlagen‹), ›Anfangsgründe‹ der Kunst.

11,28 *Domestica:* (lat.) häusliche Angelegenheiten.

12,3 f. *Restantin:* eigtl.: ›zahlungsrückständige Schuldnerin‹; hier in der Bedeutung ›Nachzüglerin‹, ›Überbleibsel‹ gebraucht.

12,16 f. *duckt... auf:* taucht ... auf.

12,27 f. *kapriziöser:* kapriziös: überspannt, eigenwillig; kontrastiv zur »Formlosigkeit« verwendet, die das Adjektiv hier näher bestimmt.

12,31–13,1 *honetter Shawl:* (frz./engl.) ein etwas biederer anständiger (im Sinne von ›den Anstand befördernder‹), aber durchaus gutaussehender Schal.

13,1 *Florbesatz:* besetzt mit einem hauchdünnen Gewebe.

gelb kattunenen Kleides: eines Kleides aus gelbgefärbter Baumwolle.

13,12 *annexis:* (lat.) Zubehör.

13,28 *Sapienti sat!:* (lat.) »Genug für den Verständigen« – d.h., für denjenigen, der sich auskennt, bedarf dies keiner näheren Erklärung.

13,30 *Crayon:* (frz.) Zeichen-, Blei-, Kreidestift.

eines Hogarths: William Hogarth (1697–1764), englischer Maler, Zeichner und Kupferstecher, zuletzt Hofmaler in London. Durch seine realistische und oft komische Darstellung der höfischen Rokokogesellschaft wie des einfachen Volks wurde er mit seinen Sittenbildern zum Begründer der englischen Genremalerei und Karikatur.

14,4 *Vexierware:* Ware, die auf den ersten Blick anziehend wirkt, aber von billiger Qualität ist; vgl. vexieren im Sinne von ›irreführen‹.

14,4 *blöde:* schwache, kurzsichtige.

14,5 *Niederlage:* hier ganz wörtlich gebraucht für den Platz, an dem die Ware zum Verkauf ausgelegt ist.

14,15 *Kollision:* (lat./frz.) Widerstreit, Zusammenstoß; hier im Sinne von ›Konkurrenz‹.

14,29 *merkantilischer:* kaufmännischer.

15,28 f. *Orbis pictus:* (lat.) die »gemalte Welt«, die »Welt in Bildern«; nach dem im 17. und 18. Jh. weitverbreiteten lateinisch-deutschen Lehrbuch *Orbis sensualium pictus / Die sichtbare Welt* (1658) des tschechischen Philosophen und Pädagogen Jan Amos Komenský (Johann Amos Comenius, 1592–1670), der anstelle der abstrakten die anschaulich-praktische Lehre (etwa durch den Einsatz von Bildern im Unterricht) empfahl.

16,14 *wie auf jenem hogarthischen Blatt:* Ellinger ([1912], Tl. 15, S. 301) verweist auf Hogarths Kupferstich »Credulity, Superstition, and Fanaticism: A Medley«, 1762 (»Leichtgläubigkeit, Aberglaube und Fanatismus. Ein Potpourri«); weitere Stiche Hogarths liegen nahe (z. B. »Southwark fair«, 1735).

16,19 *Fallissement:* (frz.) eigtl.: ›Bankrott‹, ›Konkurs‹; hier scherzhafte Ableitung von ›fallen‹.

17,14 *Schwänzelpfennige:* beim Einkauf unterschlagenes Geld.

17,24 *Flauschen:* der Flausch: eigtl. ›Büschel‹ (von Haaren oder Wolle), hier ›Tuch‹.

18,24 f. *Tochter eines Geheimen Oberfinanzrats:* »Nach einer im Kammergericht lebendigen Überlieferung war das Mädchen Malwine Maria Eimbeck, spätere Frau v. Grolman (1804–57), Tochter des Geheimen Justizrats Eimbeck, der damals Markgrafenstraße 22, also am Gendarmenmarkt wohnte; vgl. ›Schriften des Vereins für die Geschichte Berlins‹, Heft 43, S. 18 f.« (Ellinger [1912], Tl. 15, S. 301).

19,5 *Servante:* (frz.) hier in der ursprünglichen Bedeutung ›Dienstmädchen‹, ›Magd‹ gebraucht; sonst Bezeichnung für ›Anrichte‹.

19,7 *Kordialität:* Herzlichkeit, Vertraulichkeit.

19,12 *Ballchaussure:* (frz.) Tanzschuhe, Ballschuhe.

19,22 f. *modesten:* sittsamen, bescheidenen.

20,31 *Hauptfronte:* Hauptfront, architektonisch wichtigste Seite eines Gebäudes.

21,11 f. *zur großen Kralowskischen ästhetischen Hauptarmee:* zur Leihbibliothek F. Kralowskis in Berlin, Jägerstraße Nr. 25, in der sich auch Hoffmann mit Büchern versorgte.

22,9 ****:* Autobiographisch motivierte Arbeiten und Kommentare, die eine enge Verbindung zwischen älterem Vetter und Hoffmann behaupten, verweisen an dieser Stelle auf Hoffmanns Erzählung *Klein Zaches genannt Zinnober* (1819); Ellinger ([1912], Tl. 15, S. 301) nennt zusätzlich die ebenfalls durch Kupferstiche Callots (vgl. Anm. zu 11,20) angeregte »Capriccio«-Erzählung *Prinzessin Brambilla* (1820).

22,17 *schnakisches:* schnakisch: spaßhaft, lustig, Lachen erregend.

22,29 *Honig von Hybla:* Hybla bei Megara auf Sizilien war seit der Antike bekannt für seinen Honig.

24,9 f. *ja, ja, und nein, nein:* Vgl. Bergpredigt, Mt 5,37: »Eure Rede aber sei: Ja, ja; nein, nein. Was darüber ist, das ist vom Übel« (Lutherbibel 1912).

25,3 f. *Kaviar des Volks!:* »es war Kaviar für das Volk« (William Shakespeare, *Hamlet, Prinz von Dänemark*, übers. von August Wilhelm Schlegel, hrsg. von Dietrich Klose, Stuttgart 2014 [u. ö.] [Reclams Universal-Bibliothek Nr. 31], S. 64, 2. Akt, 2. Szene.)

25,18 *Kokarde:* Schleife.

25,28 *Kasten eines Tabulettkrämers:* leichter Bretterkasten mit Fächern, in dem fliegende Händler ihre Waren anboten.

26,8 f. *das Toupet en cœur frisiert:* die Perücke mit Mittelscheitel (›in Herzform‹) frisiert.

27,16 f. *Hagestolz:* ein (bereits älterer) Junggeselle.

27,30 f. *Es muss auch solche Käuze geben:* Faust zu Gretchen über Mephisto (Johann Wolfgang Goethe, *Faust I*, in: J. W. G., *Sämtliche Werke nach Epochen seines Schaffens. Münchner Ausgabe*, Bd. 6.1, hrsg. von Victor Lange, München/Wien 1986, S. 535–673, hier S. 636, V. 3484).

28,9 *Diligence:* (frz.) Postkutsche.

28,13 *frugalem:* einfachem, mäßigem; vgl. frz. *frugal* ›einfach‹ bzw. lat. *frugalis* ›aus (Feld-)Früchten bestehend‹, also vegetarisch.

28,21 *Quatuors:* (lat.) Quartetts.

29,12 *von den Orphelins françois:* von den französischen Waisenknaben, aus dem französischen Waisenhaus.

29,31 *Dejeuner:* (frz.) Frühstück.

30,4 f. *im Hefen des Volks:* unter den Ärmsten der Armen.

30,7 f. *Landwehrmann:* ein zur Landesverteidigung aufgebotener Mann (zwischen 17 und 40 Jahren); mit der Errichtung der Preußischen Landwehr 1813 datiert der Beginn der Freiheitskriege gegen Napoleon.

33,19 *glaue ... Mann:* glau: aus dem Niedersächsischen, bedeutet in der Regel ›hell, scharf(äugig)‹; hier ist das Wort vermutlich eher in der wortverwandten Bedeutung ›glänzend‹, also ›stattlich‹, ›imponierend‹, mit leicht ironischem Unterton gebraucht.

33,27 f. *Parturiunt montes!:* (lat.) »die Berge werden kreißen!«; vgl. Horaz, *De arte poetica / Über die Dichtkunst*, V. 139: *parturient montes, nascetur ridiculus mus* – »Berge werden kreißen, geboren werden wird eine lächerliche Maus« (Übers. zit. nach: Quintus Horatius Flaccus, *Sämtliche Werke*, lat./dt., hrsg. und übers. von Niklas Holzberg. Berlin/Boston 2018, S. 622); ein Spottvers auf Wichtigtuer, die Großes ankündigen, die Erwartungen dann aber nicht erfüllen.

34,13 *böse Sieben:* zanksüchtige weibliche Person; die Redensart geht auf ein altes Kartenspiel des 15. und 16. Jh.s zurück, dessen Karten unterschiedliche allegorische Figuren (u. a. den Teufel, auch in der Variante ›böses Weib‹) trugen.

34,30 *bella molinara:* (ital.) schöne Müllerin; Topos in der Kunst, vgl. z. B. die Oper *La Molinara* von Giovanni Paisiello (1740–1816).

36,3 *primo amoroso:* (ital.) erster Liebhaber; klassische Rolle in Schauspiel und Oper.

36,19 *Pagliasso*: (ital. *pagliacco*) Bajazzo, Spaßmacher, Hofnarr.

37,16 *Meum und Tuum:* (lat.) Mein und Dein.

37,24 *Glanzhüte:* übertragen für Marktfrauen, so genannt nach den wasserabstoßenden Hüten, die sie – ähnlich wie die Seeleute die Südwester – als Wetterschutz trugen.

38,18 *Aspekten:* Ansichten, Gesichtspunkte; hier im Sinn von ›Voraussetzungen‹ gebraucht.

38,26 *Pyrrhus:* (griech.: Neoptolemos) Gestalt der griechischen Mythologie, Sohn des Achill; mit seiner Hilfe wurde Troja erobert.

38,27 *wie ein gemalter Wütrich ...:* »So stand er, ein gemalter Wütrich, da, / Und, wie parteilos zwischen Kraft und Willen, / Tat nichts« (William Shakespeare, *Hamlet, Prinz von Dänemark*, übers. von August Wilhelm Schlegel, hrsg. von Dietrich Klose, Stuttgart 2014 [u. ö.] [Reclams Universal-Bibliothek Nr. 31], S. 66, 2. Akt, 2. Szene.)

39,10 f. *seit jener Unglücksperiode ...:* Gemeint ist die Zeit nach dem Sieg Napoleons über Preußen in der Schlacht bei Jena und Auerstedt (1806).

39,19 *Moabit:* Stadtteil von Berlin.

39,21 *Courtoisie:* (frz.) Höflichkeit, Artigkeit.

39,24 *Nil admirari:* (lat.) »nichts anzustaunen«; vgl. Horaz, *Epistulae* 1,6, V. 1 (Übers. zit. nach: Quintus Horatius Flaccus, *Sämtliche Werke*, lat./dt., hrsg. und übers. von Niklas Holzberg, Berlin/Boston 2018, S. 464).

40,3 f. *fidelen »Hamburger ...«:* eine Zigarrensorte.
avec du feu: (frz.) mit Feuer.

40,5 *Spandau, oder Straußberg:* Stadtteil von Berlin bzw. Kreisstadt im Bezirk Frankfurt an der Oder; beide bekannt als Sitz von Haftanstalten.

40,10 *Point d'Honneur:* (frz.) Ehrenpunkt, Ehrgefühl.

40,16 *Charlottenburger Fuhrleuten:* Charlottenburg ist ein Stadtteil von Berlin.

40,26 *Depravation:* Verschlechterung; hier im Sinn von ›Verderbnis‹, ›Entartung‹.

41,6 *Hökervolk:* Kleinhändler mit Bude oder offenem Stand; vgl. ›verhökern‹.

41,13 f. *enthusiastische Rigoristen, hyperpatriotische Aszetiker:* Die Erzählung distanziert sich an dieser Stelle von ›Turnvater‹ Friedrich Ludwig Jahn (1778–1852) und seinen Anhängern, deren radikal-deutschnationalistische, xenophobe und rassistische Positionen sie ebenso verspottet wie den Körperkult der ›Bewegung‹.

42,5 *schismatischen:* abtrünnigen; scherzhaft für ›aus der Reihe tanzend‹, ›sich nicht einordnend‹.

42,6 *Beringstraße:* Wasserstraße im nördlichsten Randmeer des Pazifischen Ozeans zwischen dem Ostkap Asiens (Kap Deschnew) und dem Kap Prince of Wales Nordamerikas, erstmals 1728 von Vitus Bering (1680–1741) befahren; hier scherzhaft gemeint.

42,8 f. *deutschen Kirche:* in der Taubenstraße; so genannt zur Unterscheidung von der Französischen Kirche in der Jägerstraße.

Literaturhinweise

Ausgaben

Des Vetters Eckfenster. Mitgetheilt v. E. T. A. Hoffmann. In: Der Zuschauer. Zeitblatt für Belehrung und Aufheiterung. Nr. 49. 23. April 1822. – Nr. 50. 25. April 1822. – Nr. 51. 27. April 1822. – Nr. 52. 30. April 1822. – Nr. 53. 2. Mai 1822. – Nr. 54. 4. Mai 1822. – In: Kaminski/Mergenthaler (2015), S. 37–39* (Nr. 49), S. 41–43* (Nr. 50), S. 45–47* (Nr. 51), S. 50–52* (Nr. 52), S. 53–55* (Nr. 53), S. 58 f. (Nr. 54). – *Faksimile des Erstdrucks, dem die vorliegende Ausgabe zugrunde liegt.*

E. T. A. Hoffmann: Des Vetters Eckfenster. In: E. T. A. H.: Werke in fünfzehn Teilen. Auf Grund der Hempelschen Ausgabe neu hrsg., mit Einl. und Anm. vers. von Georg Ellinger. Tl. 12: Letzte Erzählungen II. Berlin [u. a.]: Bong [1912]. S. 142–164. – *Für die weitere Editionsgeschichte bedeutende Ausgabe auf der Grundlage des Erstdrucks.*

E. T. A. Hoffmann: Des Vetters Eckfenster. In: E. T. A. H.: Sämtliche Werke in sechs Bänden. Bd. 6: Späte Prosa. Briefe. Tagebücher und Aufzeichnungen. Juristische Schriften. Werke 1814–1822. Hrsg. von Gerhard Allroggen, Friedhelm Auhuber, Hartmut Mangold, Jörg Petzel und Hartmut Steinecke. Frankfurt a. M.: Deutscher Klassiker Verlag, 2004. S. 468–497, 1413–27. – *Studienausgabe (mit Informationen zur Entstehungs-, Überlieferungs- und Wirkungsgeschichte, mit Deutungsaspekten und einem Stellenkommentar).*

Forschungsliteratur

Arnold, Heinz Ludwig (Hrsg.): E. T. A. Hoffmann. (Text + Kritik. Sonderband.) München 1992.

Brüggemann, Heinz: »Aber schickt keinen Poeten nach London!« Großstadt und literarische Wahrnehmung im 18. und 19. Jahrhundert. Texte und Interpretationen. Reinbek b. Hamburg 1985.

Byrd, Vance: Regarding the Cousin. Surveillance and Narration in Hoffmann's *Des Vetters Eckfenster*. In: German Studies Review 35 (2012) H. 2. S. 249–264.

Darby, David: The Unfettered Eye. Glimpsing Modernity from E. T. A. Hoffmann's Corner Window. In: Deutsche Vierteljahrsschrift für Literaturwissenschaft und Geistesgeschichte 77 (2003) H. 2. S. 274–294.

Eicher, Thomas: »Mit einem Blick das ganze Panorama des grandiosen Platzes«. Panoramatische Strukturen in *Des Vetters Eckfenster* von E. T. A. Hoffmann. In: Poetica 25 (1993) H. 3/4. S. 360–377.

Ellinger, Georg: E. T. A. Hoffmann. Sein Leben und seine Werke. Hamburg/Leipzig 1894.

– [Anmerkungen zu *Des Vetters Eckfenster*]. In: E. T. A. Hoffmanns Werke in fünfzehn Teilen. Auf Grund der Hempelschen Ausgabe neu hrsg., mit Einl. und Anm. vers. von G. E. Tl. 15: Kleine Schriften und Dramatisches. Berlin [u. a.]: Bong [1912]. S. 300 f.

Gray, Richard T.: Physiognomik. In: Reallexikon der deutschen Literaturwissenschaft. Hrsg. von Jan-Dirk Müller. Bd. 3. Berlin / New York 2003. S. 79–82.

Gunia, Jürgen / Kremer, Detlef: Fenster-Theater. Teichoskopie, Theatralität und Ekphrasis im Drama um 1800 und in E. T. A. Hoffmanns *Des Vetters Eckfenster*. In: E. T. A. Hoffmann-Jahrbuch 9 (2001) S. 70–80.

Hagestedt, Lutz: Das Genieproblem bei E. T. A. Hoffmann. Am Beispiel illustriert. Eine Interpretation seiner späten Erzählung *Des Vetters Eckfenster*. München 1991.

Hitzig, Julius Eduard: E. T. A. Hoffmann's Leben und Nachlaß. Bd. 2. 3., verm. und verb. Aufl. Stuttgart 1839.

Kaminski, Nicola / Mergenthaler, Volker: Zuschauer im Eckfenster 1821/22 oder Selbstreflexion der Journalliteratur im Journal(text). Mit einem Faksimile des *Zuschauers* vom April/Mai 1822. Hannover 2015.

Kanzog, Klaus: *narratio – probatio – argumentatio*. Zur Rhetorik in E. T. A. Hoffmanns *Des Vetters Eckfenster*. In: E. T. A. Hoffmann-Jahrbuch 26 (2018) S. 31–41.

Korte, Hermann: Der ökonomische Automat. E. T. A. Hoffmanns

späte Erzählung *Des Vetters Eckfenster.* In: Arnold 1992, S. 125–137.

Krauß, Andrea: »Rahmenschau«. Scenes of Observation in E. T. A. Hoffmann's *Des Vetters Eckfenster.* In: Monatshefte für deutschsprachige Literatur und Kultur 105 (2013) H. 3. S. 407–425.

Kremer, Detlef: *Des Vetters Eckfenster* (1822). In: E. T. A. Hoffmann. Leben – Werk – Wirkung. Hrsg. von D. K. 2., erw. Aufl. Berlin / New York 2010. S. 394–406.

– (Hrsg.): E. T. A. Hoffmann. Leben – Werk – Wirkung. 2., erw. Aufl. Berlin / New York 2010. [Zit. als: Kremer, *Handbuch*, 2010.]

Lichtenberg, Georg Christoph: Über Physiognomik; wider die Physiognomen. Zu Beförderung der Menschenliebe und Menschenkenntnis. In: G. Ch. L.: Schriften und Briefe. Bd. 3: Aufsätze, Entwürfe, Gedichte, Erklärung der Hogarthischen Kupferstiche. Hrsg. von Wolfgang Promies. München 1972. S. 256–295.

Liebrand, Claudia: *Des Vetters Eckfenster* (1822). In: E. T. A. Hoffmann-Handbuch. Leben – Werk – Wirkung. Hrsg. von Christine Lubkoll und Harald Neumeyer. Stuttgart 2015. S. 191–193.

Matt, Peter: Die Augen der Automaten. E. T. A. Hoffmanns Imaginationslehre als Prinzip seiner Erzählkunst. Tübingen 1971.

McFarland, Robert: Ein Auge, welches (Un)wirklich(es) schaut. *Des Vetters Eckfenster* und E. T. A. Hoffmanns Ansichten von Berlin. In: E. T. A. Hoffmann-Jahrbuch 13 (2005) S. 98–116.

Moritz, Karl Philipp: Vorschlag zu einem Magazin einer Erfahrungs-Seelenkunde. In: K. Ph. M.: Werke in zwei Bänden. Hrsg. von Heide Hollmer und Albert Meier. Bd. 1. Frankfurt a. M. 1999. S. 793–809.

Neumann, Gerhard: Blick und Dialog. Die Szene der Wahrnehmung in E. T. A. Hoffmanns Novelle *Des Vetters Eckfenster.* In: Inszenierte Welt. Theatralität als Argument literarischer Texte. Hrsg. von Ethel Matala de Mazza und Clemens Pornschlegel. Freiburg i. Br. 2003. S. 53–77.

– Ausblicke. E. T. A. Hoffmanns letzte Erzählung *Des Vetters Eckfenster.* In: ›Hoffmanneske Geschichte‹. Zu einer Literaturwissenschaft als Kulturwissenschaft. Hrsg. von G. N. Würzburg 2005. S. 223–242.

Öhlschläger, Claudia: Der Dichter als »Privatier« des Blicks. E. T. A. Hoffmanns *Des Vetters Eckfenster* (1822). In: C. Ö.: Unsägliche Lust des Schauens. Die Konstruktion der Geschlechter im voyeuristischen Text. Freiburg i. Br. 1996. S. 63–85.

Oesterle, Günter: E. T. A. Hoffmann: *Des Vetters Eckfenster.* Zur Historisierung ästhetischer Wahrnehmung oder der kalkulierte romantische Rückgriff auf Sehmuster der Aufklärung. In: Der Deutschunterricht 39 (1987) S. 84–110.

– *Des Vetters Eckfenster.* Ein dialogischer Wechsel von Beobachten, Erraten und Erzählen. In: E. T. A. Hoffmann. Romane und Erzählungen. Hrsg. von Günter Saße. Stuttgart 2004. S. 256–270.

Riha, Karl: Die Beschreibung der ›Großen Stadt‹. Zur Entstehung des Großstadtmotivs in der deutschen Literatur (ca. 1750 – ca. 1850). Bad Homburg v. d. H. [u. a.] 1970.

Schiffter, Roland: Vom Leben, Leiden und Sterben in der Romantik. Neue Pathografien zur romantischen Medizin. Würzburg 2008.

Selbmann, Rolf: Diät mit Horaz. Zur Poetik von E. T. A. Hoffmanns Erzählung *Des Vetters Eckfenster.* In: E. T. A. Hoffmann-Jahrbuch 2 (1994) S. 69–77.

Spoerhase, Carlos: Die spätromantische Lese-Szene. Das Leihbibliotheksbuch als ›Technologie‹ der Anonymisierung in E. T. A. Hoffmanns *Des Vetters Eckfenster.* In: Deutsche Vierteljahrsschrift für Literaturwissenschaft und Geistesgeschichte 83 (2009) H. 4. S. 577–596.

Nachwort

Des Vetters Eckfenster gehört zu E. T. A. Hoffmanns letzten Erzählungen und gilt als eine seiner besten (so schon Ellinger 1894, S. 170). Eine schier unübersehbare Forschungslage bezeugt, wie komplex und vielschichtig der Text gestaltet ist. Präsentiert wird darin eine Erzählsituation, die sich für biographisch inspirierte Interpretationen geradezu anbietet: Einem schwerkranken, bewegungsunfähigen Schriftsteller, dem titelgebenden »Vetter«, bleibt keine andere Beschäftigung mehr, als »das ganze Panorama« des vor seinem Krankenzimmer ausgebreiteten »grandiosen Platzes« (9,7) zum Gegenstand der Beschreibung, Deutung und poetischen Spekulation zu machen. Dass es sich dabei um den Berliner Gendarmenmarkt handelt, legt die Lokalisierung im Text nahe (9,1–7). Es drängt sich aber auch deshalb auf, weil der Autor E. T. A. Hoffmann, in seinen letzten Lebensmonaten mutmaßlich durch eine sich ausbreitende Geschwulst zunehmend gelähmt (Schiffter 2008, S. 108 f.), seine Wohnung in der Taubenstraße / Ecke Charlottenstraße mit Blick auf den Gendarmenmarkt ebenfalls nicht mehr verlassen konnte. Und wie Hoffmann seine letzten Texte einem Pfleger diktierte (Hitzig 1839, S. 127 f.), so teilt der gelähmte »Vetter«, dessen physische Stillstellung mit einer (auch mentalen) Schreibblockade einhergeht, seine Kunst der Beobachtung einem Verwandten mit, der ihn gelegentlich besucht. ›Mitteilen‹ ist hier wörtlich zu verstehen: Hoffmann veröffentlicht die Erzählung kurz vor seinem Tod am 25. Juni 1822 in sechs Fortsetzungsfolgen zwischen 23. April und 4. Mai in Johann Daniel Symanskis Zeitschrift *Der Zuschauer* und versieht diese Fassung mit dem Hinweis »Mitgetheilt v. E. T. A. Hoffmann« (Kaminski/Mergenthaler 2015, S. 37*).

An diesen offensichtlichen Parallelen arbeitet sich die Forschung – im Verlauf ihrer Geschichte mit zunehmender Vorsicht gegenüber biographistischen Ansätzen – regelmäßig ab. Wie wenig ertragreich es aber tatsächlich ist, den gelähmten Vetter einseitig mit dem gelähmten Autor gleichzusetzen, verdeutlicht schon ein Blick auf den zweiten, ebenfalls namenlosen Protagonisten der Erzählung, den genannten Besucher des Kranken. Dieser zweite Vetter lässt sich willig in die »Kunst zu schauen« (11,23 f.) einweisen, die der Gelähmte perfektioniert hat – wobei der dafür verwendete Ausdruck »Primizien« (11,23) dem künstlerischen Tun der beiden Gesprächspartner einen gleichsam sakralen Anstrich verleiht. Die sich ins Detail versenkende anschauende Wahrnehmung (vgl. z. B. Matt 1971, S. 34; Liebrand 2015, S. 192) gibt sich nicht mit der Oberfläche der Phänomene zufrieden, sondern interessiert sich für das, was dahinter liegt, sei dies eine höhere Wahrheit, sei es eine anregende Geschichte. Die Pointe der Erzählung liegt nun darin, dass es schließlich der Primiziant sein wird (und nicht dessen Ausbilder), der die Gespräche am Eckfenster aufzeichnet und so nicht nur die beiderseitigen Beobachtungen beobachtbar macht, sondern auch deren Ermöglichungsbedingungen vorführt (vgl. Neumann 2003, S. 66).

Sollte der späte Hoffmann ausgerechnet in jenem bewegungs- und schreibunfähigen Vetter sein Abbild finden (wollen), dessen ästhetische wie poetologische Sozialisation weit ins 18. Jahrhundert zurückreicht? Möchte sich der selbst tödlich erkrankte Autor im ›mitteilungsfreudigen‹ jüngeren Vetter, dem gelegentlich das Darstellungsinteresse eines ›modernen‹ Flaneurs (Darby 2003, S. 289 f.) attestiert wird, verwirklicht sehen? Oder handelt es sich bei den beiden Vettern gar um die »verdoppelte Figuration der Autorinstanz Hoffmann« (Neumann 2003, S. 59), die »Aufspaltung des Autors in zwei Figuren« (Kremer 2010, S. 404)? Nimmt man dies beim Wort, erhält man einen Autor, der aus unvereinbaren Komponenten besteht – aus dem titelgebenden Vetter, der vermutlich älter ist, jedenfalls als borniert, krank, eitel und schreibblockiert beschrieben wird; und aus seinem (wahrscheinlich jüngeren) Besucher, der ebenso bescheiden wirkt wie gesund, lern- sowie leistungsfähig und der sich letztendlich als durchsetzungsfreudig erweist. Wie aber sollte diese Diagnose dazu beitragen, die Erzählung (und nicht den Autor) besser zu verstehen?

Lenkt man den vorgeschlagenen Ansatz auf die Frage nach Darstellung und Reflexion zeitgenössischer Autorschaft in der Erzählung um, führt dies zugleich in deren Zentrum: Um als Schriftsteller »vor dem Horizont sich entfaltender Marktwirtschaft« (Korte 1992, S. 135) zu reüssieren, mussten sich Schreibende wie Lesende auf ein schnelllebiges und im buchstäblichen Sinn ›gesichtsloses‹ Geschäft einlassen. Für die ›lesende Blumenverkäuferin‹ (S. 21) haben alle Bücher, jeweils eingeschlagen in einen Schutzumschlag der Leihbibliothek F. Kralowskis, einerlei Gestalt (vgl. Spoerhase 2009); über den Produkten und ihre Verteilerstelle geht die Frage nach den Produzierenden völlig verloren.[1] Das mag die »Autoreitelkeit« (23,30 f.) des

1 In dieser Episode erhellt der Text die Rahmenbedingungen der Buchlektüre zu Beginn des 19. Jahrhunderts auf anschauliche Weise; dass in seiner Deutungsgeschichte dennoch die Autorperson ›Hoffmann‹ eine so dominante Rolle spielt, ist bemerkenswert.

schreibenden Vetters kränken, von Bedeutung ist aber, dass ja gerade er die Marktmechanismen erfolgreich zu bedienen weiß – seine Bücher sind populär (»Die Leute lesen gerne was er schreibt; es soll gut sein«, 7,21 f.). Sein Besucher wiederum legt, so die Rahmenfiktion, *Des Vetters Eckfenster* vor, und diese Dialogerzählung wird den Leserinnen und Lesern erstmals nicht in Form einer Buchveröffentlichung präsentiert, sondern, wie bereits angedeutet, in gestückelter Publikationsweise: Es ist eben das Journalgeschäft, das die zeitgenössischen Bedingungen von Autorschaft zunehmend diktiert. Hoffmanns Erzählung stellt die Mechanismen des Marktes auf virtuose Weise aus, indem sie zum einen ein Geschehen ins Zentrum rückt, das den Markt als Warenumschlagplatz ebenso wie als soziales Panorama thematisiert. Zum anderen bietet sie ›die Beobachtung‹ (in Theorie und Praxis) in einem eben auf Beobachtung zielenden Organ an, in der Zeitschrift *Der Zuschauer* nämlich. Beobachtung heißt dabei immer auch (Selbst-)Ermächtigung, weil der Beobachtende sich die beobachteten Objekte aneignet und Deutungshoheit behauptet (vgl. Gunia/Kremer 2001, S. 80).

Beide Vettern betrachten den Markt vom Eckfenster aus und lassen sich daher – bei allen Differenzen – als »Voyeure« fassen (Öhlschläger 1996, S. 76). Sie sehen mit Neugier und Lust, ohne gesehen zu werden, und installieren dadurch einen »von oben nach unten gerichteten Herrschaftsblick« (ebd., S. 78, bezogen auf den kranken Vetter).[2] Unabhängig

2 Die auf Beobachtung beruhende Beschreibung ist ohne Interpretation nicht zu haben – diese Erkenntnis führt der Text auf vielfältige Weise vor; den Fensterblick der Vettern als eine Form

von dieser gemeinsamen Blickrichtung aber stehen die beiden Vettern zueinander in Konkurrenz. Die damit angespielte Frage nach dem Verhältnis der Vettern zueinander bildet zugleich einen weiteren Schwerpunkt der *Eckfenster*-Forschung. Wem folgt oder vertraut der Blick der Leserinnen und Leser? Wen stattet die Erzählung mit Autorität und Verfügungsgewalt über das Geschehen aus? Die ältere Forschung mutete diese Position in der Regel dem kranken Vetter zu (vgl. z. B. Oesterle 1987, S. 86; Eicher 1993, S. 370); in jüngerer Zeit setzte es sich mehr und mehr durch, den Besucher zur überlegenen Darstellungsinstanz aufzuwerten (vgl. z. B. Selbmann 1994, S. 73; Darby 2003; McFarland 2005; Byrd 2012). Der Besucher fixiert und archiviert das Gespräch: Er perspektiviert es sowohl in der Rahmenfiktion als auch durch Anordnung und Auswahl der Gesprächsthemen; und er initiiert so die Deutungsgeschichte des Textes insgesamt.

Von Beginn der Erzählung an besteht zwischen den beiden Vettern ein Ungleichgewicht. Der Besuch des Verwandten gilt keinesfalls dem erfolgreichen Schriftsteller, sondern dem lebendigen mündlichen Erzähler (»es schien mir gemütlicher, ihn zu hören, als ihn zu lesen«, 7,24 f.). Dass der kranke Vetter nicht mehr schreiben kann, ist für seinen Besucher schlichtweg nicht relevant. Der kranke Vetter wiederum betrachtet den gesunden als eine Art dankbares Publikum, das aber selbst zur Unterhaltung nichts Interessantes beizusteuern vermag (10,5 f.), weil »auch nicht das kleinste Fünkchen von Schriftstellertalent«

panoptischer Überwachung zu deuten (vgl. Byrd 2012, S. 256 f.), geht meines Erachtens aber zu weit.

in ihm ›glühe‹ (11,11–13). Ein freundschaftlicher, ebenbürtiger Umgang sieht anders aus. Gegen die herablassende Behandlung des Besuchers stehen dessen wachsende Erfolge in der ›Kunst des Sehens‹, die der Text erzählt: Die vermeintlich konturlose Fülle des Gesehenen überfordert ihn zunächst heillos (10,24–11,5); die daraus resultierende Erschöpfung weicht dann dem Staunen über die Deutungsfreude seines Gegenübers (15,13–17; 29,21 f.); und schließlich ist er zu einer eigenständigen Blickführung in der Lage (»doch während du mir deine tragische Geschichte erzähltest, verwandte ich kein Auge von meiner Lieblingin«, 23,31–24,1). Auch der kranke Vetter bescheinigt seinem Besucher bemerkenswerte Fortschritte: »Bravo! bravo Vetter! dein Blick schärft sich, wie ich merke« (19,21 f.).

Bezieht man die Erzählung in diesem Zusammenhang genauer auf den Kontext ihrer Erstpublikation, wie Kaminski/Mergenthaler (2015) dies vorschlagen, lässt sich der Weg des Besuchers durch die Sehschule des kranken Vetters hindurch als journalliterarisch begründete Emanzipationsgeschichte beschreiben. Am Beispiel der textintern in mehreren Fortsetzungen eingebrachten Geschichte vom Mädchen mit dem »roten Shawl« (18,8; vgl. Kaminski/Mergenthaler 2015, S. 147–163) lässt sich zeigen, dass, wie und warum der kranke Vetter den Versuch seines Besuchers, selbständig zu werden, durch Umlenkung auf die eigene Deutungshoheit (»Ich kenne die holde Kleine«, 18,23 f.) und durch Ablenkung auf ein neues Beobachtungsobjekt hin unterbindet (18,29–31). Diese Bevormundung des ›Schülers‹ durch den ›Lehrer‹ aber bildet in der Zeitschrift den Schluss der Folge (*Der Zuschauer*, Nr. 50, 25. April 1822), so dass der Kranke dadurch zum Schweigen gebracht wird:

»(Die Fortsetzung folgt.)« (in der vorliegenden Ausgabe nach 18,31 nicht wiedergegeben; vgl. aber Kaminski/Mergenthaler 2015, S. 43*). Die nächste Lieferung erlaubt es dann dem gesunden Vetter, die Fortsetzung seiner Geschichte von der »allerliebste[n] Geheimeratstochter« zu entfalten (21,2; 23,31–24,16). Der ›Schüler‹ behauptet sich mit einer eigenen Sicht auf die Dinge und den Markt. Dennoch leuchtet es nicht ein, dem kranken Vetter – z. B. vom Ende der Erzählung her, die dem Besucher das letzte Wort gibt (»Armer Vetter!«, 43,10) – jegliche Lehrautorität abzusprechen (vgl. Darby 2003, S. 289). Was der Kranke zu sagen hat, fällt bei seinem Gegenüber ja durchaus auf fruchtbaren Boden. Der Besucher lernt ›zu sehen‹, und zwar vor unseren Augen.

Wodurch ist diese Sehschule gekennzeichnet? Sie setzt sich, wie Günter Oesterles vielzitierte Arbeit (1987) eindrücklich belegt, aus unterschiedlichen, um 1800 virulenten Wahrnehmungs- und Verhaltenslehren zusammen: Zum einen inkludiert sie drei zentrale, ›moderne‹ »Stilarten« (ebd., S. 106) künstlerischer Darstellung – die komisch-phantastische italienische Schule (Callot), die detailgenaue deutsche (Chodowiecki) und die niederländisch-drastische (Hogarth). Zum anderen nutzt sie die Angebote der zeitgenössisch populären Physiognomik (Lavater) und Pathognomik (Lichtenberg), die Beobachtungsregime beschreiben und normalisieren. Ging Johann Kaspar Lavater davon aus, dass der Charakter eines Menschen an seiner äußeren Gestalt, vor allem an der Form von Nase, Stirn oder Kinn, ablesbar sei (vgl. Gray 2003), bezieht Georg Christoph Lichtenberg den Gesamteindruck eines Menschen mit ein, also etwa auch die Art und Weise, wie er oder sie sich bewegt (Lichtenberg 1972, vor allem S. 258, 264, 293). Hoffmanns Erzählung liefert dafür zahlreiches Anschauungsmaterial. Wichtig für beide Ansätze ist, was der Spätaufklärer Karl Philipp Moritz in seinem *Vorschlag zu einem Magazin einer Erfahrungs-Seelenkunde* die »Aufmerksamkeit aufs Kleinscheinende« genannt hat (Moritz 1999, S. 797) – je detaillierter also gesehen und beschrieben wird, desto besser. Hinzu kommt bei Hoffmanns Vettern die kompetenzgesättigte Lust an der Deutung des Beobachteten. Ihre Beschreibungen übersteigen systematisch die Oberfläche dessen, was sich tatsächlich sehen lässt, und reichern es mit eigenen Erfindungen an.

Handelt es sich dabei um ein noch romantisches oder doch schon (früh-)realistisches Darstellungsprogramm? Auch diese Frage treibt die *Eckfenster*-Forschung seit langem um. Indes führt die plane Opposition nicht weit (nur oder in erster Linie für frühen Realismus plädieren z. B. Riha 1970, S. 141; Brüggemann 1985, S. 174; Krauß 2013, S. 422; eine Zuordnung eher zur Romantik nehmen die Arbeiten von z. B. Matt 1971, S. 34; Kremer 2010, S. 397, vor). Sie wird der Komplexität weder der romantischen Welt- noch der realistischen Kunstaneignung gerecht, die beide davon ausgehen, dass ›das Wirkliche‹ in der poetischen Produktion als solches erst erzeugt wird, sich also stets »nur herstellend darstellen kann« (Liebrand 2015, S. 193). Zur Klärung der epochalen Zuordnung trägt stattdessen der Rückbezug auf Hoffmanns Poetologie bei, die Neumann treffend als ein »aus der romantischen Bewegung gewonnenes ›Realismus‹-Konzept« (2005, S. 223) bezeichnet. In diesem Sinne liefert *Des Vetters Eckfenster* die Summe von Hoffmanns poetologischem Programm (vgl. Darby 2003, S. 274) – von der ›Callotschen Manier‹ der *Fantasiestücke* (1814/15), die Phantastisches und Alltägliches zusammenschließen und zur Kollision bringen (Claudia Stockinger, *Fantasiestücke in Callot's Manier*, in: Kremer, *Handbuch*, 2010, S. 87–100), über das ›Serapiontische Prinzip‹ der Sammlung *Die Serapions-Brüder* (1819–21), in der verlangt wird, Erfundenes und Wirkliches zu korrelieren (Uwe Japp, »Das Serapiontische Prinzip«, in: Arnold 1992, S. 63–75), bis zu den (sozial-) realistischen, satirischen Tendenzen der letzten Texte wie *Klein Zaches genannt Zinnober* (1819) oder *Lebens-Ansichten des Katers Murr* (1819/21). Zugleich geht *Des Vetters Eckfenster*, wie ich meine, in diesen Angeboten nicht auf.

Zwar wird in den *Serapions-Brüdern* eine stets geerdete poetische Wirklichkeitswahrnehmung gefordert, wenn es dort heißt, »daß die Basis der Himmelsleiter, auf der man hinaufsteigen will in höhere Regionen, befestigt sein müsse im Leben, so daß jeder nachzusteigen vermag« (Hoffmann, *Sämtliche Werke*, Bd. 4: *Die Serapions-Brüder*, hrsg. von Wulf und Ursula Segebrecht, Frankfurt a. M. 2001, S. 721). Allerdings zielt diese Bewegungsrichtung darauf, die ›phantastische‹ Welt als Teil des erzählten Alltags erscheinen zu lassen. Das Wunderbare wird zur neuen Normalität. Damit dies gelingen kann, muss der Dichter »das Bild, das ihm im Innern aufgegangen [...] mit allen seinen Gestalten, Farben, Lichtern und Schatten [erfassen]«, um es erst dann »ins äußere Leben [zu] tragen« (ebd., S. 69). In *Des Vetters Eckfenster* dagegen wird, so die These, das Serapiontische Prinzip gleichsam auf die Füße gestellt; es erfährt eine neue Akzentuierung, indem jetzt die distinkte Beobachtung der Außenwelt im Vordergrund steht. Das »äußere Leben« kann die Phantasie zwar anregen, die Grenze zwischen beobachteter Realität und hinzuerfundenen Elementen bleibt aber stets sichtbar und wird immer wieder auch explizit benannt (»Diese Erfindung macht deinem Schriftstellertalent Ehre, lieber Vetter«, 29,21 f.).

In einem ersten Schritt geht es in des Vetters Sehschule darum, z. B. mit einer technischen Hilfe (»hier hast du mein Glas«, 11,25) einzelne Personen zu unterscheiden (»bemerkst du wohl die etwas fremdartig gekleidete Person«, 11,25 f.).[3] In einem zweiten Schritt werden physiognomische und pathognomische Details erkannt, beschrieben und gedeutet (»Sie hat ein grell zitronenfarbiges Tuch nach französischer Art turbanähnlich um den Kopf gewunden, und ihr Gesicht, so wie ihr ganzes Wesen, zeigt deutlich die Französin«, 11,30–12,3). In einem dritten Schritt wird diesen Details ein Kontext hinzuerfunden, und zwar so, als sei dieser wenigstens möglich, vielleicht sogar wahr (»Wahrscheinlich eine Restantin aus dem letzten Kriege, die ihr

3 Auf die Nähe dieses Vorgehens zur zeitgenössisch beliebten Kunstform des Panoramas weist Eicher hin: Durch die Isolation von Einzelbildern entsteht im Kopf des engagierten Betrachters ein Gesamtbild, das die Summe der Einzelbilder übersteigt (Eicher 1993, S. 367). Ob das Panorama überhaupt zum Deutungsschlüssel für die Erzählung tauge, wird in der Forschung ebenfalls kontrovers behandelt. Dass die Sicht aus dem Eckfenster zu eingeschränkt sei, um panoramatische Qualitäten zu haben (so die gängige Gegenposition; vgl. z. B. Selbmann 1994, S. 74; Darby 2003, S. 286; Kremer 2010, S. 397), überzeugt aber nicht. Wie in jedem Panorama erfasst der Blick aus dem Eckfenster des Vetters eine in sich begrenzte, eigenständige Fläche, die überblickshaft in Augenschein genommen werden kann; in vorliegendem Fall handelt es sich dabei zugleich um jenen Teil des Gendarmenmarkts, an dem tatsächlich auch Markttage abgehalten wurden (vgl. Kaminski/Mergenthaler 2015, S. 64).

Schäfchen hier ins Trockne gebracht«, 12,3–5). Nicht die innere Welt einer Figur wird fokussiert, sondern die interessante Vielfalt von deren äußerer Erscheinung, die sich durch den Blick in ihr – vermutliches oder tatsächliches – Inneres ergibt. Auf diese Weise kann der Vetter einen »widrigen zynischen deutschen Zeichenmeister augenblicklich« in einen »gemütlichen französischen Pastetenbäcker« verwandeln (29,16–18), ohne dass die Erzählung das im Dialog vorgeführte Programm eines genauen Beobachtens verrät.

In diesem Sinne wird in *Des Vetters Eckfenster* »a modernity in its own right« (Byrd 2012, S. 250) in Szene gesetzt, die ›das richtige Sehen‹ vom detailgenauen Betrachten des äußerlichen Ganzen bis zur Versenkung in die Wirklichkeit hinter der Oberfläche der Dinge nicht nur fordert und vorführt, sondern letztlich auch selbst wieder konterkariert, weil lediglich ein Grund- und kein Meisterkurs (»Primizien«, s. o.) gegeben wird. Indem der Text dabei einzelne Personen karikierend hervorhebt und sich dadurch zugleich über diese erhebt – z. B. über die mutmaßliche Französin (12,1–3), »die rabiate Hausfrau« (13,10), eine »kleine Komödiantin« (20,18), einen Transvestiten (als »das leichtsinnige Kind der Verderbnis«, 30,28 f.), das »wohlgemästete« Bürgertum »im braunen Rocke« (33,19) oder einen Zwergen- sowie einen Riesenwüchsigen (34,23–37,13) usw. –, macht er sich daran, die (ästhetischen) Deformationen und (moralischen) Abgründe der zeitgenössischen Gesellschaft zu erhellen.[4] Weil die Vielfalt aller möglichen Existenzweisen

4 Auch wenn man nicht so weit gehen mag, dem Text eine aus heutiger Sicht tendenziell gallo- und soziophobe, misogyne und behindertenfeindliche, rassistische und nationalistische Perspektivierung der zeitgenössischen Gesellschaft zu unterstellen, lässt

abgebildet werden soll, »ein treues Abbild des ewig wechselnden Lebens« (42,11 f.) nämlich, bleibt die Darstellung nicht ohne Widersprüche. Dazu passt, dass gegen Ende dieser Demaskierung des »Volk[s]« ausgerechnet dessen zunehmende »Sittlichkeit« (39,16) hervorgehoben wird. Zugleich schreibt sich dem Text dadurch eine politische Botschaft ein: Mögen die Herrschenden in den Jahren der sogenannten Demagogenverfolgungen nach den Karlsbader Beschlüssen von 1819 ›dem Volk‹ auch mit Misstrauen begegnen (vgl. Kanzog 2018, S. 40 f.), so ist dieses doch, bei aller in *Des Vetters Eckfenster* gestalteten Heterogenität, zu einem »anmutige[n] Bild der Wohlbehaglichkeit und des sittlichen Friedens« (41,12 f.) aus eigenem Antrieb in der Lage.

sich das darin gestaltete Programm doch kaum als ›maßvoll‹ (wie Selbmann 1994, S. 69 u. ö., annimmt) bezeichnen.

Inhalt